AF297383

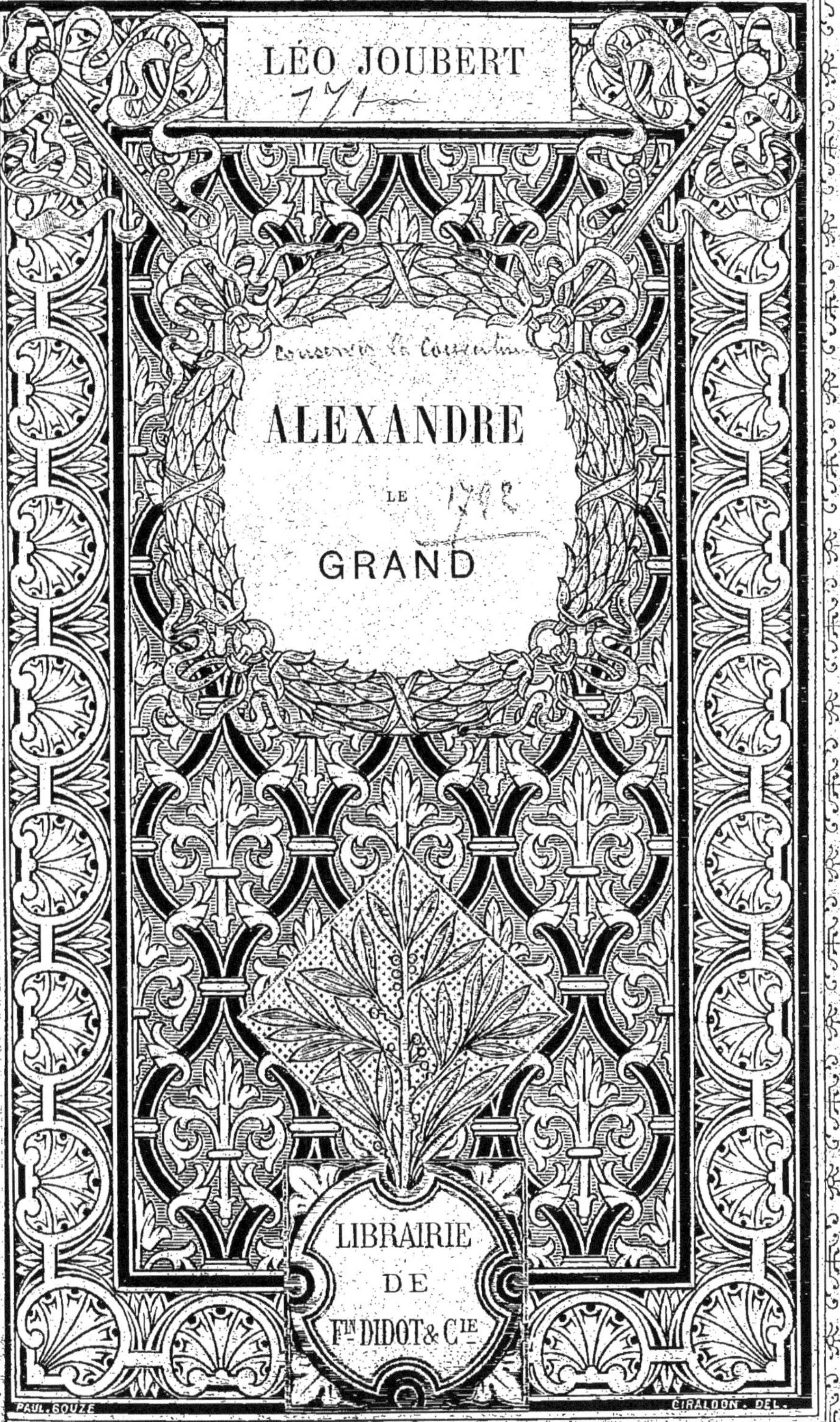

LÉO JOUBERT
ALEXANDRE
LE
GRAND
LIBRAIRIE
DE
Fⁿ DIDOT & Cⁱᵉ
PAUL SOUZE
GIRALDON. DEL.

# ALEXANDRE LE GRAND

Fig. 1. — Buste d'Alexandre. (Musée du Louvre.)

# LÉO JOUBERT

# ALEXANDRE LE GRAND

## ROI DE MACÉDOINE

OUVRAGE ILLUSTRÉ DE 48 GRAVURES

PARIS

LIBRAIRIE DE FIRMIN-DIDOT ET Cⁱᵉ

IMPRIMEURS DE L'INSTITUT, RUE JACOB, 56

1889

# ALEXANDRE LE GRAND

## CHAPITRE PREMIER.

Les historiens d'Alexandre. — La Macédoine avant Alexandre. — Philippe. — Naissance d'Alexandre en 356 avant J.-C. — Son éducation. — Il se distingue à la bataille de Chéronée. — Ses querelles avec son père. — Meurtre de Philippe et avènement d'Alexandre.

Les victoires et les conquêtes d'Alexandre le Grand trouvèrent chez les anciens de nombreux historiens. Plusieurs étaient ses contemporains, ou même avaient eu des commandements dans son armée. D'autres écrivirent sous ses successeurs, quand le souvenir de ses grandes actions était encore récent. Très peu de ces auteurs méritaient la confiance. La plupart d'entre eux introduisirent dans leurs récits des faits altérés, exagérés, inventés. La flatterie, la partialité, une admiration excessive, ou parfois la haine, surtout le goût de l'extraordinaire, du merveilleux, que surexcitait la prodigieuse carrière du conquérant macédonien, corrompirent plus ou moins leurs ouvrages.

Ces histoires d'Alexandre, écrites de son temps ou

dans un temps peu éloigné du sien, ne sont pas venues jusqu'à nous; mais elles fournirent des matériaux à des auteurs d'histoires générales, tels que Diodore de Sicile, dont le XVII° livre, relatif à Alexandre, subsiste presque entier, et Trogue Pompée, dont l'œuvre perdue nous est connue par l'abrégé de Justin, ou encore au géographe Strabon. Plus tard, sur les mêmes documents, Plutarque écrivit une biographie d'Alexandre, où il s'inquiéta moins de donner la suite régulière des faits, que de rassembler les traits les plus propres à caractériser son héros, à en exprimer au vif la physionomie.

Arrien, venant un peu après Plutarque, prétendit composer une véritable histoire d'Alexandre. Il se servit principalement des mémoires laissés par deux des compagnons du conquérant, Ptolémée et Aristobule, et il sut faire un bon usage de ces précieux documents. Comme il était fort versé dans l'art de la guerre, qu'il avait étudié jusque dans sa partie la plus technique, il raconta avec beaucoup de soin et d'intelligence les faits militaires, qui tiennent naturellement la plus large et la plus importante place dans la vie de ce grand capitaine.

Un écrivain latin, Quinte-Curce, qui, à une époque inconnue, mais, croit-on, avant Arrien, composa une histoire d'Alexandre, n'a point cet esprit judicieux et ce goût de la vérité. On suppose qu'il imita, arrangea, et souvent traduisit l'ouvrage de Clitarque, un des plus anciens, des plus éloquents et des moins véridiques historiens d'Alexandre. Son livre plaît par l'élégance du style, la richesse pittoresque des descriptions, la tournure dramatique du récit; il instruit peu, et, si on en acceptait les assertions sans un contrôle sévère, il jetterait dans toute sorte d'erreurs. La manière de Quinte-Curce est souvent d'un rhéteur ou d'un romancier plus que d'un historien. On regrette qu'un si remarquable talent n'ait pas été accompagné de plus de critique et de sérieux.

Il y a du roman dans le livre de Quinte-Curce; il n'y a plus que du roman dans une prétendue histoire d'Alexandre, fabriquée quelques siècles plus tard, et placée étrangement sous le nom de Callisthène, philosophe qui avait suivi en Asie le roi de Macédoine, et commencé à écrire le récit de ses exploits, mais qui fut interrompu dans son œuvre par une mort tragique. La fiction du Pseudo-Callisthène n'a pas de renseignements authentiques à nous fournir.

Les historiens orientaux ne nous en fourniraient pas davantage. Sainte-Croix, auteur d'un savant *Examen critique des anciens historiens d'Alexandre*, nous donne en quelques lignes une idée des hyperboles et des fables de ces écrivains orientaux. « Mirkhond (historien persan du quinzième siècle) assure qu'Alexandre, dans l'espace de quatorze ans, parcourut les routes et les déserts, les plaines et les montagnes du globe; les pieds de ses coursiers agiles et étincelants de feu écrivirent sur les lieux les plus élevés et les moins accessibles des vers dont le sens est : Le jour il était dans la Grèce et la nuit dans l'Inde, le soir à Damas et le matin à Rouschad. Son cheval se désaltérait en un même jour aux rives du Gihon et dans les eaux du Tigre qui arrose Bagdad. »

La légende d'Alexandre, dans les romans du moyen âge, est curieuse, comme un exemple des transformations que l'imagination populaire fait subir aux figures des personnages qui ont laissé un grand souvenir; elle n'a rien à voir avec l'histoire.

En somme, l'ouvrage d'Arrien reste de beaucoup la source principale, la plus abondante et la plus pure, la seule même digne de sérieusement compter, pour celui qui veut retracer, comme nous l'essayons ici, cette étonnante suite de conquêtes, accomplies en un temps si court, et qui ont eu une si longue influence sur les destinées du monde.

Située au nord de la Grèce, entre la mer Égée et la mer Ionienne, montagneuse et boisée, la Macédoine fut longtemps un pays barbare, pauvre, sans puissance militaire. Les républiques grecques ne redoutaient point son hostilité. Elle était assez occupée à se défendre contre les incursions des tribus encore plus barbares de la Thrace et de l'Illyrie. Ses rois, d'une famille originaire d'Argos, prétendaient descendre du héros argien Héraclès (Hercule); ils étaient de race hellénique; mais sa population ne se rattachait que d'une manière lointaine et obscure à la souche pélasgique d'où étaient sortis les Hellènes, et parlait une langue fort distincte du grec. Ses habitants étaient vigoureux et braves; il ne leur manquait que de la discipline pour faire d'excellents soldats.

Ce pays, à demi soumis par les Perses, dans leur grande invasion de la Grèce, redevint indépendant après la défaite de Xerxès. Il était resserré au nord et à l'est par la Thrace, à l'ouest par l'Illyrie. Au sud, quelques districts montagneux le séparaient de l'Épire et de la Thessalie; il rencontrait au sud-est les colonies grecques de la Chalcidique.

C'est dans ces bornes étroites que Philippe, père d'Alexandre, trouva à son avènement le royaume de Macédoine. Ce prince avait des talents, beaucoup d'ambition et d'activité, le goût de la civilisation et des conquêtes. Ses frères aînés, Alexandre et Perdiccas, avaient successivement occupé le trône avant lui. Dans les troubles qui suivirent la mort d'Alexandre II, ou même pendant le court règne de ce prince, le général thébain Pélopidas intervint, et rattacha les Macédoniens à l'alliance de Thèbes. Philippe, alors âgé de quatorze ou quinze ans, envoyé à Thèbes, comme gage de leur fidélité, y passa deux ou trois ans, et s'initia à la culture grecque et à l'art de la guerre, dans la société d'Épaminondas, le premier des hommes d'État et des généraux de cette époque. Perdiccas mourut en 360 avant J.-C. Philippe, qui, depuis plusieurs années, était revenu en Macédoine, lui succéda, d'abord comme tuteur de son neveu Amyntas, fils de Perdiccas, puis, Amyntas ayant été mis de côté, comme seul roi de Macédoine. La succession héréditaire au trône n'était point établie régulièrement chez ces tribus guerrières, qui s'accommodaient mal d'un chef enfant.

Le règne de Philippe fut une suite d'entreprises contre les peuplades barbares, Thraces, Illyriens, et contre les villes grecques voisines de la Macédoine. Dans ces luttes incessantes, il se forma, avec les robustes éléments que lui fournissait une contrée montagneuse, une très bonne armée, très redoutable par ses cavaliers, et où l'infanterie, la célèbre phalange, était à peine inférieure à la cavalerie. Cette cavalerie, recrutée dans la belliqueuse noblesse du pays, était l'aristocratie de l'armée.

En possession de cet instrument, Philippe conçut le dessein de soumettre les républiques grecques à sa suzeraineté. Les expéditions qu'il dirigea contre elles aboutirent à la bataille de Chéronée, gagnée par lui en 338 avant J.-C., sur les Athéniens et les Thébains réunis.

Dans cette dernière et décisive campagne, Alexandre, alors âgé de dix-huit ans, se distingua grandement, et parut capable de commander l'armée.

Alexandre III, Alexandre le Grand, naquit à Pella, capitale de la Macédoine, dans l'automne de l'année 356 avant J.-C. Son père, Philippe, appartenait à la famille des Héraclides, ou descendants d'Héraclès; sa mère, Olympias était de la famille des princes Éacides d'Épire, qui se vantait de descendre de Néoptolème, fils d'Achille. Philippe s'étant rendu aux mystères de Samothrace, pour s'y faire initier, y rencontra une jeune fille, Olympias, fille de Néoptolème, roi d'Épire, qui y était venue pour le même objet : il l'épousa. Cette descendante d'Achille avait plutôt le caractère barbare qu'hellénique.

Violente, jalouse, vindicative, elle était de plus adon-
née aux rites religieux du culte de Dionysos (Bacchus),
si en honneur dans les montagnes de la Thrace et de
l'Épire, et auxquels les femmes de ces pays se livraient

Fig. 2. — Ruines de Chéronée.

avec emportement. On dit qu'Olympias aimait à avoir des
serpents apprivoisés jouant autour d'elle, et qu'elle s'occupait de cérémonies magiques. Si elle posséda d'abord
l'amour de Philippe, elle ne le garda pas longtemps ;
mais, dans l'intervalle, elle lui donna un fils.

On remarqua, comme une curieuse coïncidence, que
Philippe, alors absent pour une expédition contre les

possessions athéniennes du golfe Thermaïque, et qui s'était récemment emparé de Potidée, reçut le même jour la nouvelle de la naissance de son fils, d'une victoire de son général Parménion sur les Illyriens, et de la victoire d'un de ses chevaux aux jeux Olympiques. Le jour aussi de la naissance d'Alexandre, le magnifique temple d'Artémis (Diane), à Éphèse, fut entièrement brûlé. La rencontre de trois victoires avec la naissance de l'enfant ne pouvait que sembler de bon augure à son père, et plus tard on regarda l'incendie du temple d'Éphèse comme le présage de la défaite de l'Asie.

Philippe prit soin de l'éducation de son fils. Il lui donna pour gouverneur un parent d'Olympias, Léonidas, homme austère, qui habitua l'enfant à vivre d'un régime sévère, et à supporter la fatigue. Lysimaque, un Acarnanien, fut plutôt son instituteur; il lui fit lire particulièrement l'*Iliade* d'Homère, qui célèbre les exploits du grand héros Éacide, Achille. Ce fut le livre préféré du jeune Alexandre. Lysimaque, flattant ce goût de l'enfant, l'appelait Achille, se donnait à lui-même le nom de Phénix, et appelait Philippe, Pélée.

Un orateur athénien, Eschine, nous a laissé sur cette enfance d'Alexandre une anecdote qui, venant d'un témoin oculaire, et racontée vers le temps même à la tribune d'Athènes, a du moins le mérite de l'authenticité. Une ambassade athénienne, dont Eschine et Démosthène faisaient partie, était venue à Pella pour traiter de la paix. Dans le banquet que Philippe donna aux envoyés,

Alexandre, alors âgé de dix ans, joua de la cithare, récita des vers, et, avec un de ses compagnons, débita un dialogue, sans doute quelque scène de tragédie. Le roi de Macédoine se plaisait à montrer l'instruction de son fils devant les représentants de la ville la plus éclairée de la Grèce.

L'enfant possédrait aussi une raison précoce. Des ambassadeurs perses étaient venus à Pella en l'absence de son père; il les reçut et les traita avec beaucoup de dignité et de politesse, les étonnant par le sérieux de ses questions, d'où toute puérilité était bannie. Il ne s'informait point de la magnificence, de l'attirail et de l'étiquette de la cour de Perse, mais de l'étendue de ce vaste empire, des distances, des voies de communication, des forces dont disposait le roi de Perse et des détails de sa puissance. Les ambassadeurs furent très frappés de l'esprit précoce de l'enfant : ils purent en concevoir des craintes pour l'empire des Perses.

Quand Alexandre eut atteint sa treizième année, Philippe voulut avoir, pour compléter son éducation, le meilleur instituteur que son temps pût lui fournir : il fit choix d'Aristote. Le grammairien Aulu-Gelle cite une lettre que le roi de Macédoine est censé avoir écrite à ce sujet au philosophe grec.

« Philippe à Aristote, salut. Sache qu'il m'est né un fils; j'en rends beaucoup de grâces aux dieux, non pas tant de la naissance de l'enfant que parce qu'il est né de ton temps. Je me promets qu'élevé et instruit par toi, il sera digne de nous et de la succession du royaume. »

Cette lettre est supposée : ce ne fut point à la naissance de l'enfant, ce fut beaucoup plus tard que Philippe s'adressa au philosophe; mais elle exprime avec vraisemblance l'estime du roi de Macédoine pour la culture intellectuelle des Grecs et la science d'Aristote.

Pendant les trois ans qu'il passa dans la société de ce grand homme, le jeune prince acquit un riche fonds de connaissances théoriques et pratiques. Son esprit, naturellement vif et puissant, s'élargit encore. Le goût du savoir s'augmenta chez lui, et ne devait jamais l'abandonner dans sa carrière, d'ailleurs si étonnamment active. « Il aimait, dit Plutarque, à converser sur des sujets littéraires, à s'instruire et à lire. » Ces goûts ne pouvaient que se développer sous un tel précepteur. Afin de préparer son disciple à régner, Aristote écrivit pour lui un livre (aujourd'hui perdu) sur l'art du gouvernement. Les résultats de son enseignement se reconnaissent dans l'étendue et la justesse de vues d'Alexandre, et dans la place qu'il assigna toujours, parmi ses vastes projets de conquête, à l'avancement de la civilisation.

En même temps que son éducation intellectuelle recevait de si hauts soins, son éducation physique n'était pas négligée. Dans ce pays guerrier, un prince devait être avant tout un soldat, façonné dès l'enfance à tous les exercices militaires et au maniement des armes. Les Macédoniens étaient d'excellents cavaliers; Alexandre se distingua entre tous dans l'équitation; l'anecdote si connue sur le cheval Bucéphale en est une preuve.

La Thessalie était alors en grande réputation pour sa cavalerie. On avait amené de ce pays à Philippe un cheval grand, fier, plein de feu. Il se nommait, on ne sait

Fig. 3. — Aristote, d'après un buste antique.

trop pourquoi, Bucéphale, ce qui signifie *Tête de bœuf*. On voulait le vendre treize talents (72,540 francs). Le roi, avec ses officiers, descendit dans la plaine pour le faire essayer. Personne ne put le monter, tant il était ombrageux ; il se cabrait dès qu'on l'approchait. Philippe, fâché qu'on lui présentât un cheval si farouche, commanda

qu'on le remmenât. Alexandre était présent, il s'écria :
« Quel cheval ils perdent là, faute d'adresse et de hardiesse! » Son père, après quelque hésitation, lui permit de
faire l'essai du cheval. Le jeune prince, s'approchant de
Bucéphale, lui prit les rênes, lui tourna la tête au soleil,
ayant remarqué que le cheval s'effrayait de son ombre.
Il le caressa doucement de la voix et de la main, puis,
voyant sa fureur calmée, il sauta légèrement dessus, et
le conduisant avec beaucoup de force et de dextérité,
il le rendit docile. Quand il le ramena, tous les officiers,
bons juges en équitation, l'appplaudirent vivement, et
son père, pleurant de joie, s'écria : « Mon fils, cherche
un royaume digne de toi ; la Macédoine ne peut te contenir. »

Alexandre montrait en tout de l'ambition et le désir
d'être le premier. Les succès mêmes de son père lui
causaient quelque impatience. « Il ne nous laissera rien
à faire, » disait-il à ses compagnons, à la nouvelle de
quelqu'une des victoires de Philippe. Il mettait de la
fierté dans ce sentiment d'émulation. Comme il avait
cette qualité, qu'Homère attribue à Achille, d'être léger
des pieds, ou agile à la course, on lui demandait s'il ne
voudrait pas disputer le prix aux jeux Olympiques. « Non,
répondit-il, à moins que je n'eusse des rois pour antago-
nistes. »

Il n'avait que seize ans lorsque son père, laissant la
Macédoine pour conduire une expédition contre Byzance,
lui confia l'administration du royaume. Il s'en acquitta

avec prudence et vigueur, maintenant la paix à l'intérieur,
et réprimant quelque peuplade barbare soulevée.

Les affaires de la Grèce touchaient à une crise. Une
alliance entre Athènes et Thèbes se forma pour repousser
l'intervention de Philippe sur le territoire hellénique. La
question de la suprématie de la Macédoine se décida à la
bataille de Chéronée, au mois d'août 338. Dans cette
journée si funeste à la liberté de la Grèce, Alexandre
commanda l'aile opposée aux Thébains. Il y montra ce
courage et cette habileté qui devaient le signaler entre
tous. Tandis que son père luttait avec peine contre l'armée athénienne, Alexandre écrasa le bataillon sacré des
Thébains, malgré sa résistance désespérée, et enfonça
leur phalange. Philippe, fier d'un tel fils, ne fut pas jaloux
de ses succès, et se félicita sans doute de l'avoir comme
lieutenant dans la grande entreprise qu'il préparait contre
l'empire perse, et pour laquelle il se fit décerner par la
diète de Corinthe le commandement des forces de la
Grèce ou hégémonie.

Cependant, la bonne entente entre le père et le fils fut
bientôt troublée. Philippe, mécontent d'Olympias, avait
pris d'autres épouses, car l'usage de n'avoir qu'une femme
n'était point une obligation pour les rois de Macédoine.
Il la répudia même au retour de l'expédition de Grèce, et
épousa Cléopâtre, nièce d'Attale, un de ses meilleurs généraux. Alexandre s'irrita du traitement fait à sa mère.
Pendant la fête du mariage, il eut une altercation violente
avec Attale. Celui-ci, dans l'ivresse du festin, s'avisa

d'inviter les Macédoniens à demander aux dieux que Philippe eût bientôt un fils légitime pour succéder au trône de Macédoine. « Me prends-tu pour un bâtard ? » lui cria Alexandre, et il lui jeta sa coupe à la tête. Philippe, aussi échauffé de vin que les autres convives, sauta du lit où, suivant la coutume grecque, il était étendu pour le repas, et, tirant son épée, courut furieux sur son fils. Heureusement il trébucha et tomba. Alexandre, dont cet accident sauva peut-être la vie, en fit un sujet de raillerie : « Voilà, dit-il, un homme qui prétend passer d'Europe en Asie, èt qui tombe en allant d'un lit à un autre. » Après cette querelle, le père et le fils se séparèrent. Le jeune prince conduisit sa mère en Épire, chez le roi Alexandre, frère d'Olympias ; lui-même se retira chez le roi d'Illyrie.

A quelque temps de là, le Corinthien Démarate, fort des amis de Philippe, et qui avait son franc parler avec lui, vint à la cour de Macédoine. Philippe lui demanda si les Grecs vivaient en bonne intelligence entre eux : « Vraiment, Philippe, lui répondit Démarate, il te sied bien de te mettre en peine de la Grèce, toi qui as rempli ta maison de trouble et de maux. » Le roi, sensible à ce reproche, chargea Démarate de se rendre auprès du prince et de le ramener. La réconciliation eut lieu, mais imparfaite. Un projet de mariage d'Alexandre avec la fille de Pixodarus, satrape de Carie, projet que Philippe blâma sévèrement, l'exil de ses amis particuliers, Harpalus, Néarque, Ptolémée, Erigyus, la naissance d'un fils de Cléopâtre, n'étaient pas faits pour rétablir la paix dans la famille royale.

Philippe, sur le point de partir pour son expédition, ayant même envoyé en Asie une forte avant-garde, sous les ordres de Parménion et d'Attale, redouta les effets de ces animosités domestiques ; pour s'assurer d'Alexandre d'Épire, il lui donna sa fille Cléopâtre en mariage.

Fig. 4. — Lit de repas.

Les noces se célébrèrent à Ægés (ou Édesse), l'antique capitale de la Macédoine, dans l'automne de 336, au milieu du concours de personnes distinguées de toutes les parties de la Grèce.

Dans les solennités du second jour, on porta en pompe, du palais au théâtre, les douze images des grands dieux, et une treizième statue représentant Philippe. Lui-même venait ensuite revêtu d'une robe blanche ; il s'avançait au milieu des cris de joie et des applaudissements d'une

multitude de Macédoniens et d'étrangers. Il avait écarté
ses soldats afin qu'on le pût voir plus facilement, et aussi
pour montrer qu'il regardait l'amour de ses sujets comme
sa plus sûre protection. Il était arrivé au seuil du théâtre,
lorsqu'un jeune homme noble nommé Pausanias s'élança
sur lui et lui enfonça dans la poitrine un glaive qu'il
tenait caché sous ses vêtements. Philippe tomba mort.
Pausanias essaya de s'enfuir, mais il fut atteint et tué
par deux officiers des gardes, Léonnat et Perdiccas.

L'assassin avait été poussé au meurtre par le ressentiment personnel d'un brutal outrage, qu'il avait reçu
d'Attale, et que Philippe avait laissé impuni. Cependant
il avait des complices. On cite parmi ceux-ci les trois
fils d'Aéropus, de la province de Lyncestide, et de fort
noble naissance : Alexandre, Héromènes et Arrhabœus.
Alexandre était le gendre d'Antipater, un des principaux
lieutenants de Philippe. On soupçonna Olympias et le
prince Alexandre de n'avoir pas été étrangers au meurtre
de Philippe; mais cela ne paraît pas vrai, au moins pour
Alexandre. Il fit rechercher et mettre à mort les complices de Pausanias. Alexandre de Lyncestide eut la vie
sauve pour un temps, il reçut même un commandement,
mais cette faveur tenait à une circonstance particulière.
Dans le trouble qui suivit la mort de Philippe, il fut le
premier à saluer Alexandre comme roi.

# CHAPITRE II.



Alexandre arrivait ainsi soudainement au trône, à l'âge de vingt ans, au mois de septembre 336. Sa jeunesse ne devait pas lui nuire auprès des Macédoniens, qui l'admiraient déjà. Bien que son génie et sa grandeur n'eussent pas encore trouvé à se manifester, on les reconnaissait ou on les devinait. La Macédoine était fière de lui. Il avait cette beauté physique qui convenait au descendant d'Achille. Sa taille, sans être élevée, était ferme et dégagée, tout son corps parfaitement proportionné; il avait de beaux traits pleins de noblesse, les cheveux blonds et bouclés, les yeux grands et très vifs, la tête haute, mais légèrement penchée vers l'épaule gauche. Toute sa physionomie avait quelque chose d'attrayant et en même temps de majestueux, qui inspirait le respect et l'obéissance. Il était né pour les exploits éclatants, pour les grandes actions, pour le commandement, et sa figure répondait à sa vocation.

Les entreprises de son père avaient été coûteuses, les préparatifs de l'expédition d'Asie, onéreux. A l'avènement du nouveau roi, le trésor royal ne contenait que 60 talents (334,800 fr.), et la dette s'élevait à 500 talents (2,790,000 fr.). Alexandre comptait trop sur l'avenir pour s'inquiéter des embarras du présent. Il fit de magnifiques funérailles à Philippe, et diminua les impôts au lieu de les augmenter.

Attale, son ennemi si déclaré sous le précédent règne, ne pouvait conserver un commandement dans l'armée. Alexandre envoya en Asie un officier de confiance, Hécatée, avec mission d'amener ce général mort ou vif. Attale fut mis à mort. Parménion, qui assista Hécatée dans cette exécution, réunit toutes les troupes d'Asie sous ses ordres. Amyntas, fils d'un frère aîné de Philippe, héritier légitime du trône, si l'hérédité avait été établie d'une manière régulière en Macédoine, conservait des partisans, ou du moins des prétentions et des espérances. Peut-être chercha-t-il à faire valoir ses droits. Accusé de complot, il fut mis à mort, lui aussi. Le nouveau roi ne donna pas le même ordre cruel contre Cléopâtre et son fils ; mais ce qu'il ne fit pas alors, Olympias le fit plus tard ; elle les fit tuer l'un et l'autre. On dit qu'Alexandre s'en affligea ; on ne dit pas qu'il eût songé sérieusement à l'empêcher. Ces tragédies n'étaient pas rares dans la famille royale de Macédoine.

Toute la Grèce s'émut à la nouvelle de la mort de Philippe. Les villes qui, comme Athènes, Thèbes, avaient

eu tant à souffrir de son ambition et de ses armes, entre-
virent leur délivrance dans la jeunesse et les embarras
de son successeur. Des sentiments hostiles à la Macédoine se manifestè-rent chez les Arcadiens, les Argiens. L'inimitié de Sparte était encore plus déclarée. Quoique les villes grecques ne se missent pas immédiatement en guerre contre la Macédoine, car la mort de Philippe les avait surprises avant qu'el-les eussent songé à faire leurs préparatifs, elles pri-rent une attitude mena-çante. Le grand adversaire des Macédoniens, l'orateur athénien Démosthène, noua ou chercha à nouer au plus vite des négocia-tions avec les principaux États helléniques, avec la

Fig. 5. — Démosthène, statue en marbre conservée au musée du Vatican.

Perse, et même avec les mécontents de la Macédoine, en
vue d'une action commune contre le jeune roi, qu'il traitait fort dédaigneusement, l'appelant *Margitès*, du nom
du héros ridicule d'un poème comique attribué à Homère.

Alexandre mit promptement fin à ces trames et à ces velléités belliqueuses. Deux mois environ après la mort de son père, il s'avança dans la Grèce, avec son armée, encourageant ses partisans, effrayant ses ennemis. Les Thessaliens se hâtèrent de le reconnaître pour chef de la Grèce, à la place de son père Philippe. Leur vote fut aussitôt confirmé par celui des Amphictyons, réunis aux Thermopyles. Thèbes, dont une garnison macédonienne occupait la citadelle, ne remua pas; Athènes vota une proposition conférant au nouveau roi le même titre, les mêmes honneurs, les mêmes droits qui avaient été accordés à Philippe. Après avoir promené ses troupes dans la Grèce continentale et dans une partie du Péloponnèse, le roi convoqua à Corinthe une assemblée générale à laquelle toutes les villes de la Grèce, Sparte exceptée, envoyèrent des députés. Il réclamait et il reçut ce que Philippe victorieux avait obtenu, l'hégémonie ou commandement de la Grèce en vue d'une expédition contre la Perse. Les villes helléniques formèrent, sous l'autorité du prince macédonien, une sorte de confédération, qui les obligea à vivre en paix entre elles, et leur laissa leur autonomie, mais leur interdit toute action extérieure indépendante. Comme précédemment, les Spartiates refusèrent d'adhérer au vote de la diète de Corinthe.

De retour en Macédoine, après avoir fait reconnaître sa suzeraineté au sud des Thermopyles, Alexandre voulut faire sentir son pouvoir à ces populations barbares, Illyriens, Péoniens, Thraces, qui, à l'ouest, au nord, au nord-est, touchaient à son royaume et en dépendaient à peine. Ne donnant que quelques semaines de repos à ses troupes, il partit au printemps de 335 pour une expédition dans le nord. Il marcha d'Amphipolis vers le mont Hémus (Balkans), qu'il atteignit en dix jours, pénétra dans le pays des Triballes, battit et poursuivit leur roi Syrmus aussi loin que l'Ister ou Danube. Les barbares se réfugièrent dans une île du fleuve. Alexandre ne disposait que d'un très petit nombre de navires, venus de Byzance par les bouches de l'Ister. Avec cette faible escadre il ne se crut pas en état d'enlever l'île de Peucé, qui semble avoir été bien fortifiée et bien défendue ; mais, pour ne pas se retirer n'ayant rien fait, il résolut de passer l'Ister, en face des Gètes, campés sur l'autre rive. Il réunit un grand nombre de ces barques creusées dans un seul tronc d'arbre, qui servaient aux riverains. Il employa surtout les peaux dont se faisaient les tentes de l'armée : les peaux, gonflées avec du foin et couvertes de fascines, portèrent les soldats. L'armée franchit ainsi le Danube, faisant sur le grand fleuve d'Europe l'expérience du passage des grandes rivières de l'Asie centrale et de l'Inde.

Ce ne fut qu'une simple démonstration. Les Macédoniens revinrent bientôt sur la rive droite. Cette opération militaire, le passage d'un très grand fleuve, devant l'ennemi et sans un pont, étonna, effraya toutes ces peuplades. Les Triballes et d'autres tribus thraces lui envoyèrent offrir des présents et demander la paix, qu'il leur accorda ;

il lui suffisait de les avoir assez intimidées pour qu'elles n'attaquassent pas la Macédoine en son absence. Pendant qu'il réglait cette affaire avec les Thraces, il lui arriva des députés d'une tribu celtique qui habitait assez loin de là, sur les bords de l'Adriatique. Ces Celtes étaient de haute stature et très fiers. Ayant entendu parler d'Alexandre, ils lui offraient leur amitié et demandaient la sienne. Il n'avait point de raison de la leur refuser ; il fut flatté de leur démarche. Il leur demanda quelle était la chose qu'ils craignaient la plus, pensant qu'ils redoutaient sa puissance, et qu'il allait tirer d'eux l'aveu de leur crainte. Ils lui répondirent qu'ils ne craignaient rien, sinon que le ciel tombât sur eux. Cette réponse le désappointa. Il n'en accueillit pas moins favorablement leur offre d'amitié et d'alliance, mais il dit à ses officiers, avec dépit : « Les Celtes sont des glorieux. »

L'amitié dévouée de Langarus, prince des Agrianes, lui ouvrait le chemin de la Péonie. Langarus mourut quelques mois plus tard, avant d'avoir eu le temps d'épouser Cyna, sœur d'Alexandre et veuve d'Amyntas, qui lui était destinée. Un corps de ses braves montagnards n'en resta pas moins au service du roi et prit une part distinguée à ses expéditions.

En Péonie, Alexandre apprit que les Illyriens de Pélion, près du Pinde, s'étaient soulevés, sous les ordres de leur prince Clitus, et que Glaucias, chef des Illyriens, Taulantiens, se joignait à la révolte. Il courut attaquer la ville de Pélion. Malgré sa promptitude, il ne parvint pas à l'enlever avant que Glaucias arrivât au secours. Assailli par ces barbares belliqueux, il eut besoin de son énergie et de sa dextérité pour se dégager. Il y réussit, et quelques jours après, profitant de la négligence des Illyriens, qui, fiers de l'avoir obligé de s'éloigner de Pélion, se gardaient mal, il revint rapidement sur eux, les surprit dans leur camp avant le jour, et les tailla en pièces. Clitus, abandonnant Pélion après l'avoir brûlé, se retira dans le pays de Glaucias.

Sur ces entrefaites, arriva au camp des Macédoniens la nouvelle de l'insurrection de Thèbes, et de l'agression imminente d'Athènes et d'autres villes grecques.

Les villes hostiles à la Macédoine avaient plutôt été étonnées que subjuguées par l'apparition d'Alexandre dans l'hiver précédent. Quand il fut retourné à Pella, surtout quand il eut disparu au delà de l'Hémus, et dans les montagnes de l'Illyrie, dans cette campagne de quatre à cinq mois (avril-août 335), elles revinrent à leurs espérances de secouer la domination macédonienne et à leurs projets de guerre. Cette disposition hostile fut singulièrement favorisée par le bruit qui courut, qu'Alexandre avait été défait et tué dans un combat contre les Triballes. Un prétendu témoin oculaire vint attester le fait dans Athènes. Les patriotes bannis de Thèbes rentrèrent dans la ville, entraînèrent le peuple à se joindre à eux pour cette nouvelle lutte de l'indépendance, tuèrent quelques hommes de la garnison étrangère, trouvés hors de la Cadmée, mais ne purent pas s'emparer de cette citadelle. Les Thébains firent le plus pressant appel aux autres républiques grecques, particulièrement à Athènes. Cette ville était certes disposée à les secourir, mais elle perdit du temps à délibérer lorsqu'il aurait fallu agir sur-le-champ. Sparte détestait la Macédoine, mais elle détestait aussi Thèbes, et ne s'arma pas pour lui venir en aide. Les Arcadiens mirent quelques troupes en mouvement, lesquelles ne dépassèrent pas l'isthme de Corinthe. Thèbes fut laissée à elle-même.

Les Thébains pressaient le siège de la Cadmée ; ils espéraient que la garnison allait se rendre, lorsqu'ils apprirent tout à coup qu'Alexandre était arrivé à Oncheste, à quelques heures de Thèbes, avec toute son armée. Ils apprenaient en même temps qu'il vivait et qu'il était à leurs portes.

A la nouvelle du soulèvement de Thèbes, Alexandre avait rapidement dirigé son armée sur la Grèce. Traversant la haute Macédoine entre la rivière Haliacmon et le Pinde, il franchit, le septième jour, la chaîne des monts Cambuniens, qui sépare la Macédoine de la Thessalie. Six jours de plus le menèrent à Oncheste, en Béotie. Le lendemain il arrivait dans le voisinage de Thèbes.

Cependant, il ne se hâta point d'ordonner l'attaque. Il offrit même, dans une proclamation, la paix aux Thébains, à condition qu'on lui livrerait les deux chefs du parti anti-macédonien, Phénix et Prochytès ; il n'aggraverait pas d'ailleurs la précédente position de la ville. L'assemblée des Thébains délibéra sur cette proposition.

Les partisans de la Macédoine demandaient naturellement qu'on l'acceptât. Les chefs du parti contraire, récemment revenus d'exil, détestant la domination étrangère, et jugeant qu'ils étaient allés trop loin pour espérer
d'Alexandre un traitement clément, entraînèrent le peuple
à persister dans une résistance désespérée. Les Thébains
répondirent au manifeste d'Alexandre par une proclamation où ils demandaient qu'il leur livrât deux de ses principaux lieutenants, Antipater et Philotas, et faisaient
appel à tous ceux qui voudraient se joindre à eux et au
roi de Perse, pour délivrer les Grecs et renverser le tyran
de la Grèce. Le roi, piqué au vif par cette proclamation,
vit qu'il fallait recourir à la force; il vint camper non loin
de la Cadmée, de manière à pouvoir assister la garnison
macédonienne.

La citadelle était entourée de deux lignes de retranchements, la première pour empêcher les sorties de la
garnison, la seconde pour arrêter les secours qu'on pouvait lui apporter. Les Thébains avaient placé leurs principales forces dans ces lignes; ils avaient laissé les
moindres à la défense des remparts. L'armée macédonienne, divisée en trois corps, l'un sous Perdiccas, l'autre
sous Amyntas, fils d'Andromènes, le troisième tenu en
réserve, sous les ordres directs d'Alexandre, touchait aux
lignes ennemies. Alexandre, comme s'il eût, jusqu'au
dernier moment, espéré de pouvoir épargner la ville, ne
donnait pas l'ordre d'attaquer. La lutte s'engagea entre la
division de Perdiccas et les défenseurs des retranche-

ments ; bientôt elle s'étendit à la division d'Amyntas ; elle
fut très vive. Les Thébains combattirent avec le courage
des Spartiates aux Thermopyles, et firent reculer les
agresseurs. Le roi dut amener contre eux sa réserve ; en
même temps, la garnison macédonienne faisait une sortie.
Les Thébains, écrasés par le nombre, furent rejetés dans
l'intérieur de la ville, où les vainqueurs se précipitèrent
avec eux. La résistance continua encore quelque temps,
héroïque et sans espoir. Il périt 6,000 Thébains. La
ville, livrée en proie aux Macédoniens et à leurs alliés
grecs, les Phocidiens, les Thespiens, les Orchoméniens,
les Platéens, plus ennemis des Thébains que les Macédoniens eux-mêmes, subit toutes les horreurs d'une ville
prise d'assaut. Le combat avait coûté 500 hommes aux
Macédoniens.

Alexandre soumit la destinée de la ville et de la population captive à ses auxiliaires grecs, qui avaient eu
cruellement à se plaindre des Thébains, et qui maintenant
vengeaient cruellement leurs injures. Il devait bien pré-
voir leur sentence, et c'est parce qu'il voulait détruire
Thèbes qu'il remit leur sort aux Grecs de Platées et
d'Orchomène. Ces alliés et les autres auxiliaires grecs
décidèrent donc que Thèbes serait rasée jusqu'aux fon-
dements ; qu'on ne laisserait subsister que la Cadmée,
comme poste militaire, avec une garnison macédonienne,
les temples, les maisons des prêtres ; que le territoire de la
ville serait distribué entre les villes voisines alliées ;
qu'Orchomène et Platées seraient rebâties et fortifiées ;

que tous les Thébains, captifs hommes, femmes, enfants,
seraient vendus comme esclaves, excepté les prêtres, les
prêtresses, les habitants qui tenaient par des liens d'hospitalité à Philippe et à Alexandre, et en général ceux qui
étaient signalés par leur attachement à la Macédoine.
Alexandre ajouta aux maisons épargnées celle de Pindare, et aux personnes laissées libres les descendants du
poète. A ces exceptions près, il exécuta la sentence dans
toute sa rigueur. Thèbes n'exista plus. Les captifs, au
nombre de trente mille, furent vendus, et rapportèrent
une somme de 440 talents (2,455,200 fr.).

C'était la première fois qu'il disparaissait dans le
monde grec, une cité aussi importante. La ville qui,
trente ans plus tôt, occupait avec Épaminondas une place
dominante dans la Grèce, ne fut plus qu'un souvenir; la
ville à laquelle se rattachaient plusieurs des plus célèbres
traditions religieuses des Hellènes, les légendes de Dionysos (Bacchus) et d'Héraclès (Hercule), ne subsistait
plus pour donner au culte de ces dieux la pompe accoutumée. On dit qu'Alexandre regretta cette cruelle exécution, et qu'il attribua quelques-uns des fâcheux événements de sa vie, le meurtre de Clitus, le refus de ses
soldats de pousser au delà de l'Hyphasis, à la colère de
Dionysos.

La catastrophe de Thèbes terrifia la Grèce. Les Arcadiens condamnèrent à mort les chefs qui les avaient armés
contre la Macédoine. Les Athéniens envoyèrent une ambassade complimenter Alexandre. Il reçut leurs compli-

ments, mais il demanda qu'on lui livrât dix des principaux personnages du parti antimacédonien, c'est-à-dire
les orateurs Démosthène, Lycurgue, Hypéride et autres,
ainsi que deux hommes de guerre, Charidème et Éphialtès. Quand cette sommation fut discutée devant le
peuple, le parti macédonien proposa de l'accepter. Phocion, s'adressant aux citoyens désignés, les invita à se
sacrifier pour le salut de la ville; ceux-ci ne se montrèrent pas si empressés. Démosthène fit ressortir ce que
cette soumission aux exigences du roi de Macédoine avait
d'humiliant et de dangereux; il raconta la fable du loup
demandant à un troupeau de brebis de lui livrer, comme
condition de paix, les chiens qui le défendent, et ensuite dévorant le troupeau sans protection. Le peuple
comprit l'apologue de Démosthène, et courageusement
refusa de livrer ses orateurs. Une seconde ambassade,
conduite par Phocion, vint demander à Alexandre d'a-
doucir ses conditions; il y consentit de bonne grâce.
Athènes gardait une flotte puissante; le siège d'Athènes
eût été une opération difficile et longue. Alexandre avait
hâte de partir pour l'Asie; d'ailleurs, il eût certainement
répugné à détruire une ville si illustre, le centre de la
culture hellénique; par politique et par générosité, il
n'insita pas sur sa première demande, se contentant du
bannissement de Charidème et d'Éphialtès. Il eut même
des mots aimables pour les Athéniens, leur recommanda
de s'occuper des affaires publiques, car s'il venait à
manquer, ce serait à eux de gouverner la Grèce.

Plutarque met après la destruction de Thèbes le séjour d'Alexandre à Corinthe, et le décret de la diète hellénique qui lui conféra l'hégémonie. Sans doute, il n'avait pas besoin d'être confirmé par une nouvelle assemblée dans le commandement qu'il avait reçu l'année précédente, mais il restait bien des affaires à régler, qui pouvaient s'arranger plus convenablement à Corinthe que dans son camp; il se rendit donc dans cette ville et y reçut les députés des républiques grecques. Comme précédemment, les Spartiates s'abstinrent. Le roi ne chercha pas à leur arracher leur adhésion par la force des armes, la grande expédition contre la Perse le réclamait; il ne voulut pas s'attarder à une guerre contre une ville hellénique. Il allait partir comme chef des Grecs; il allait venger sur les Perses de son temps les invasions de la Grèce par les Perses des siècles précédents; il allait combattre une domination, qui pesait sur les villes grecques de l'Asie Mineure, et s'était fait redouter des Grecs d'Europe. Son entreprise était un acte de plus dans le grand duel qui continuait depuis le temps de Cyrus entre les Perses et les Hellènes. Sa cause n'était donc pas injuste. Mais ce n'était pas librement que la Grèce l'avait choisi pour chef; la Grèce libre n'aurait pas couru à la conquête de l'empire des Perses, et pourtant ce fut, par le fait, le monde hellénique qui avec Alexandre conquit l'Asie.

Pendant ce séjour d'Alexandre à Corinthe, ou dans celui de l'année précédente, eut lieu l'entrevue célèbre du jeune héros et d'un des plus extraordinaires personnages de l'époque, Diogène le Cynique. Le philosophe faisait profession de vivre conformément à la nature, et se refusait aux agréments et aux convenances de la vie ci-

chauffant au soleil d'automne. Il lui demanda s'il désirait quelque chose de lui : « Écarte-toi un peu du soleil », répondit Diogène. L'attitude et la réponse du philosophe firent rire les courtisans ; Alexandre ne rit pas. Cette fière indépendance le frappa au point qu'il s'écria : « Si je n'étais pas Alexandre, je voudrais être Diogène. » Un poète latin, Juvénal, a dit éloquemment, en parlant de cette entrevue : « Alexandre comprit, quand il vit ce grand personnage dans son tonneau, combien plus heureux était celui qui ne désirait rien, que celui qui prétendait posséder le monde entier. »

Avant de s'en retourner en Macédoine, le roi voulut consulter l'oracle de Delphes. Sa visite tomba par hasard dans un des jours où ne se rendaient pas les oracles. Il insistait cependant pour que la prêtresse s'assît sur le trépied. Comme elle s'y refusait, alléguant la loi, il l'entraîna de force dans le sanctuaire : « Ah! mon fils, s'écriat-elle, on ne peut te résister. » Alexandre tint cette parole pour une prophétie, et déclara qu'il n'avait pas besoin d'autre oracle.

De retour en Macédoine, vers la fin de l'automne de 335, il consacra les mois d'hiver aux derniers préparatifs de son expédition. Ses amis lui conseillaient de l'ajourner, de se marier, et d'attendre pour partir qu'il fût né un héritier au trône de Macédoine; il s'y refusa, trouvant qu'il n'avait que trop tardé.

Avant de partir, il distribua presque toutes ses propriétés privées entre ses amis, et quand Perdiccas lui demanda ce qu'il pensait garder pour lui-même, il répondit : « L'espérance. »

Il laissa Antipater régent de la Macédoine, avec 12,000 fantassins et 1,500 cavaliers. C'était assez pour maintenir l'ordre dans le royaume, et imposer la paix à la Grèce. Le régent devait surtout s'occuper du recrutement régulier de l'armée expéditionnaire.

L'armée était celle qu'avait formée Philippe. L'infanterie comprenait d'abord le corps des *compagnons* ou *hétaires à pied,* plus connu sous le nom de *phalange.* L'unité tactique était le bataillon ou *syntagma,* composé de seize hommes de front sur seize hommes de profondeur (256 hommes). Deux de ces bataillons formaient le régiment ordinaire (512 hommes), appelé *pentacosiarchie;* plus tard, Alexandre, dans sa réorganisation de l'armée, porta ces régiments à quatre bataillons (1,024 h). Deux régiments et

Fig. 8 — Phalangite ; musée d'artillerie de Paris.

quelquefois davantage formaient une division, *taxis.* L'infanterie d'Alexandre comprenait six de ces divisions, et il en était resté peut-être autant en Macédoine. Les soldats de la phalange combattaient avec une longue pique ou *sarisse,* de six mètres de long, qu'ils tenaient à deux mains ; ils avaient, de plus, une courte épée, un petit bouclier rond, une demi-cuirasse sur la poitrine, et le chapeau de feutre.

Les fantassins-gardes, ou *hypaspistes,* étaient armés à peu près comme les hoplites grecs : ils avaient une pique moins longue que celle des phalangites ; ils la tenaient d'une main, dans le combat, ce qui leur laissait le bras gauche libre pour manœuvrer leur long bouclier. Ils se mouvaient bien plus facilement que la phalange. Un bataillon d'élite de cette infanterie légère s'appelait *agêma.*

Ces deux corps se recrutaient en Macédoine. Les provinces voisines, Thrace, Illyrie, fournissaient des troupes d'infanterie légère, peltastes, archers, frondeurs, lanceurs de javelot, parmi lesquelles on distinguait les Agrianes, corps recruté dans une tribu péonienne.

La cavalerie macédonienne, excellente, et peut-être supérieure à l'infanterie, comprenait d'abord les compagnons (*hétaires*), armés du *xyston* ou pique, qu'ils maniaient avec la plus redoutable efficacité, ne la lançant pas, comme les cavaliers perses ; et les *sarissophores* où lanciers, armés de la sarisse de quatre mètres de long, plus courte que celle de la phalange, mais plus longue que celle des hétaires. On suppose qu'il y avait seize escadrons d'hétaires et six de sarissophores, chaque escadron comprenant de 180 à 250 hommes, une partie de cette cavalerie resta en Macédoine. Un escadron (ou plusieurs) des hétaires est mentionné sous le nom d'escadron royal, ou agêma de la cavalerie, à la tête duquel Alexandre chargeait d'habitude.

Pour la cavalerie comme pour l'infanterie, les pays

sous la suzeraineté de la Macédoine fournissaient des
auxiliaires : les Thessaliens, une cavalerie égale à celle
des Macédoniens, les autres Grecs, les Thraces, les Péoniens, quelques escadrons.

Les Grecs alliés avaient aussi envoyé des contingents
d'infanterie; il s'y ajoutait un corps de fantassins grecs
mercenaires.

Il faut joindre à ces forces un
train de machines de guerre bien
muni.

Une petite troupe tout à fait
d'élite formait l'état-major d'Alexandre; c'était celle de ses gardes du
corps, attachés à sa personne, faisant
exécuter ses ordres, lui fournissant
des commandants pour ses troupes,
veillant aussi à sa sûreté. On cite
sept d'abord, puis huit de ces gardes
du corps qui étaient plutôt des aides
de camp que des gardes. Le service

Fig. 9. — Peltaste; musée
d'artillerie.

auprès de sa personne était fait par les *enfants royaux*
ou pages, jeunes gens des meilleures familles de Macédoine, qui apprenaient l'état militaire, et se prépa-
raient ainsi aux grades supérieurs.

Le service civil auprès de lui n'était pas fort compli-
qué, et ne se distinguait guère du service militaire. Il
avait quelques secrétaires, dont le principal était Eumène, de Cardia, homme d'une grande capacité, le seul

Grec qui occupât près de lui, ou dans son armée, une place éminente, encore n'était-elle pas en évidence.

Les chefs de ses troupes appartenaient naturellement à la Macédoine. Son ami le plus intime, Héphestion, ses gardes du corps Léonnat et Lysimaque étaient de Pella ; Ptolémée fils de Lagus , Pithon, Cratère, Perdiccas, de divers districts de la haute Macédoine; Antipater avec son fils Cassandre, Parménion avec ses deux fils Philotas et Nicanor, Séleucus, Cœnus, Amyntas, Méléagre, Peucestas, Clitus, Antigone, et d'autres étaient des Macédoniens, formés dans les guerres de Philippe. Les deux hommes qui avaient eu au plus haut point la confiance de ce roi, Antipater et Parménion, eurent également, dans les premiers temps, celle de son fils : tandis que l'un restait en Macédoine comme régent, l'autre fut, à l'armée d'Asie, le premier lieutenant du roi.

# CHAPITRE III.



Alexandre partit pour son expédition d'Asie au printemps de 334 avant J.-C. Quoique son armée ne fût pas
très nombreuse, il avait épuisé ses finances pour l'équiper. A la dette de Philippe, s'était ajoutée une nouvelle
dette de 800 talents (4,464,000 fr.). Il n'emportait que
70 talents (390,600 fr.).

L'armée, rassemblée à Pella, alla d'abord à Amphipolis, où elle traversa le Strymon (Karasou) ; elle s'avança
ensuite, le long de la côte, jusqu'à la rivière Nestus et
aux villes d'Abdère et de Maroneia ; elle passa l'Hèbre
et le Mélas, en Thrace ; enfin, à travers la Chersonèse
de Thrace, elle arriva à Sestos, sur l'Hellespont. Là
aussi se rendit la flotte, composée de 160 trirèmes et
d'un grand nombre de vaisseaux de transport. Parménion,
de son côté, s'était rendu à Abydos, sur le rivage opposé
de l'Hellespont ; il vint à Sestos et dirigea le passage de
l'armée, de Sestos à Abydos. Alexandre, lui laissant ce
soin, descendit jusqu'à l'extrémité sud-est de la Cherso-

nèse, à Élæus, pour aborder la côte d'Asie dans un endroit rendu à jamais célèbre par la poésie d'Homère. Presque en face d'Élæus, se trouvait l'emplacement des grandes scènes de l'*Iliade*, et la colline où fut l'Ilion de Priam. Alexandre dirigea lui-même sa galère sur une anse de la plage, appelée le port des Achéens. Au milieu du détroit, il immola un taureau et fit des libations

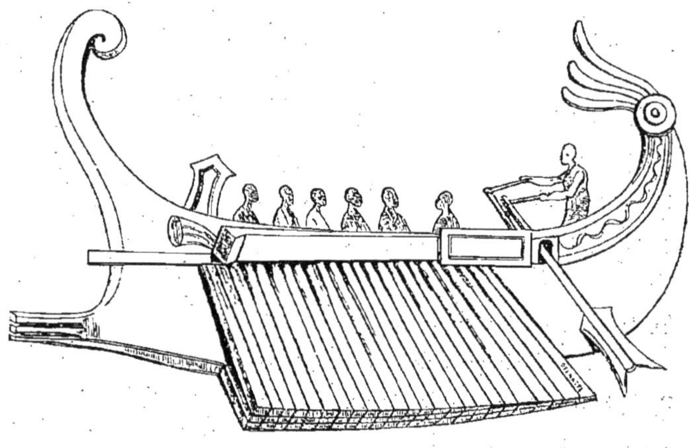

Fig. 10. — Trirème.

à Poseidon (Neptune) et aux Néréides, avec une coupe d'or. Revêtu de ses armes, il sauta le premier sur la plage, qu'aucun ennemi ne disputait aux Macédoniens.

À une lieue et demie du rivage, sur une colline, s'élevait la ville d'Ilion, qui prétendait être bâtie sur les ruines de l'Ilion homérique, et qui offrait à la curiosité des visiteurs des souvenirs et des reliques des héros du vieux temps. Tous les sites marquants, de la ville au ri-

vage, avaient reçu des désignations empruntées aux
chants sur la guerre de Troie. Un tertre, à l'embouchure
du Scamandre, contenait les sépultures d'Achille et de
Patrocle. On montrait dans la ville l'autel où le fils
d'Achille, Néo-
ptolème, tua le
vieux Priam, et
dans le temple
d'Athéna (Miner-
ve), on gardait
des armes des hé-
ros achéens.

Alexandre vi-
sita ces endroits
en lecteur enthou-
siaste de l'*Iliade*,
et en pieux des-
cendant des Éa-
cides. Il offrit sur
l'autel de Zeus
(Jupiter), où avait
péri le vieux roi,
un sacrifice expia-

Fig. 11. — Minerve; musée de Naples.

toire, pour détourner la colère de Priam, qui pouvait
retomber sur lui, à cause de l'acte cruel de son ancêtre
Néoptolème. Il consacra son armure dans le temple
d'Athéna, et prit à la place un bouclier antique, que
l'on porta devant lui dans les batailles. Il couronna de

guirlandes le tombeau d'Achille, tandis qu'Héphestion couronnait celui de Patrocle, et il déclara qu'Achille était bien heureux d'avoir eu Homère pour célébrer sa mémoire. Alexandre, c'est le héros achéen ressuscitant dans son ardent courage, dans son amour passionné de la gloire, avec les progrès accomplis dans l'art militaire et dans la culture de l'intelligence, un Achille émule d'Épaminondas et élève d'Aristote.

Il rejoignit son armée à Arisbé, près d'Abydos. Le passage de l'Hellespont s'était effectué en bon ordre, sans que l'ennemi eût songé à le troubler.

Les historiens anciens donnent un peu différemment le nombre des troupes expéditionnaires, les uns le portant jusqu'à 47,000 hommes, les autres le réduisant à 34,000. Arrien dit qu'Alexandre n'avait pas beaucoup plus de 30,000 fantassins et de 5,000 cavaliers, chiffres qui s'accordent assez avec ceux que Diodore de Sicile paraît avoir empruntés à de bonnes autorités. Ce dernier historien entre dans quelques détails utiles à recueillir, parce qu'ils nous font connaître la proportion des différents corps dans l'armée d'Alexandre.

« Cette armée se composait en infanterie de 12,000 Macédoniens, de 7,000 alliés et de 5,000 mercenaires, tous sous les ordres de Parménion; à cette infanterie, il faut joindre 5,000 Odryses, Triballes et Illyriens, ainsi que 1,000 Agrianes, en sorte que le total de l'infanterie s'élevait à 30,000 hommes. En cavalerie, on comptait 1,500 Macédoniens commandés par Philotas, fils de

Parménion, 1,500 Thessaliens sous les ordres de Calas, fils d'Harpalus, 600 autres cavaliers, tous fournis par les Grecs et qui avaient Erigyus pour chef, enfin, 900 éclaireurs thraces et péoniens, sous les ordres de Cassandre, fils d'Antipater, ce qui faisait un total de 4,500 cavaliers. »

L'empire perse était toujours l'immense empire de Darius, s'étendant de l'est à l'ouest depuis l'Indus jusqu'à la Libye, et du nord au sud, depuis l'Iaxarte, qui le séparait des Scythes, jusqu'à l'Océan indien. C'était une sorte de vaste empire féodal, où une multitude de peuples différents, sous leurs chefs particuliers, obéissaient à un seul maître, sans être unis entre eux par la communauté de la civilisation et par le sentiment national. Le grand roi pouvait assembler un nombre prodigieux d'hommes armés, et il n'avait pas une armée; il avait des monceaux d'or et d'argent entassés à Suse et à Persépolis, et il ne savait pas les employer pour l'administration et la guerre. L'empire pourtant se soutenait. L'Égypte, qui s'en était séparée depuis un demi-siècle, y avait été violemment rejointe sous Artaxerxès Ochus, surtout avec l'aide de mercenaires grecs, commandés par Mentor le Rhodien. Ce Grec hardi et rusé se fit une petite principauté à Atarnée, dans l'Asie Mineure, et, en mourant, il la laissa à son frère Memnon. Artaxerxès Ochus, cruel et indolent, avait pour tout-puissant ministre un domestique du palais, Bagoas. Celui-ci se défit du roi par le poison, tua tous les fils d'Artaxerxès, excepté Arsès, qu'il mit sur le trône; il se défit de même d'Arsès au bout de deux ans, et tua tous ses enfants. Après cette destruction de la famille royale, il éleva au trône un de ses amis, Darius Codoman, issu d'un des frères d'Artaxerxès Mnémon, qui avait acquis de la gloire dans une récente guerre contre les Cadusiens, en tuant, dans un combat singulier, un redoutable champion de l'armée ennemie. Bagoas ne tarda pas à vouloir traiter le nouveau roi comme il avait fait les deux précédents; Darius le prévint en l'obligeant lui-même à boire le breuvage empoisonné.

Darius monta sur le trône au commencement de l'année 336, lorsque Philippe pressait ses préparatifs pour l'expédition d'Asie. Il prit quelques précautions contre le danger, et essaya de provoquer en Grèce des mouvements contre la Macédoine; il se vantait même d'avoir été l'instigateur de l'assassinat de Philippe. C'est sans doute bien à tort qu'il s'attribuait cette mauvaise action. La mort de Philippe le délivrant de toute crainte immédiate, il vit, sans essayer de s'y opposer activement, les projets de Philippe repris par Alexandre. Ce ne fut guère que dans les derniers mois avant l'invasion, qu'il prit certaines mesures de défense, encore fort incomplètes. Les villes phéniciennes reçurent l'ordre d'équiper leurs flottes; les satrapes de la Phrygie et de la Lydie rassemblèrent une force composée surtout de mercenaires grecs, tandis que Memnon, sur le littoral, obtenait les moyens de prendre, sous son commandement, 5,000 de ces mercenaires.

marque, dans les mois qui précédèrent le débarque-
... Alexandre ... quelquefois, heureusement,
... Parménion ... cause de la médiocrité
... les satrapes ne
... la flotte phé...

suspect comme Grec. Les Perses, fiers de leur cavalerie, et ne songeant pas que leur infanterie était inférieure en nombre à celle d'Alexandre, voulaient livrer bataille. Memnon essaya de les en dissuader. Il conseillait de dévaster le pays, afin d'empêcher les Macédoniens, mal pourvus de vivre, de s'avancer plus loin. Tandis qu'on resterait sur la défensive en Asie, il voulait que l'on transportât la guerre en Europe, en profitant de la supériorité de la flotte phénicienne pour attaquer le littoral de la Macédoine.

Ces sages conseils furent mal accueillis. Les généraux perses répugnaient à dévaster eux-mêmes leurs provinces et à reculer devant les Macédoniens. Ils résolurent de se porter sur le Granique, petite rivière qui sort du mont Ida et va se jeter dans la Propontide, et d'y attendre, sur la rive droite, Alexandre, qui devait traverser cette rivière pour aller d'Arisbé à Zélia. Ils placèrent leur cavalerie tout à fait sur le bord du Granique, laissant leur infanterie sur une colline, à quelque distance.

Alexandre, sans s'éloigner beaucoup du rivage, s'était dirigé sur Hermotus, petite ville, à l'entrée de la plaine d'Adrastia, où coule le Granique, avant de se jeter à la mer ; il y arriva le troisième jour. D'Hermotus, le quatrième jour, il s'avança droit au Granique. Dans cette plaine que traverse un ruisseau marécageux, le Rhésus, la marche fut fatigante. Il était déjà tard lorsque les Macédoniens arrivèrent en vue du Granique. Parménion était d'avis de remettre le combat au lendemain matin ;

Alexandre, qui craignait que l'ennemi ne décampât pendant la nuit, fit sur-le-champ ses dispositions d'attaque.

Son infanterie formait le centre de la ligne. A droite et à gauche de la phalange étaient distribuées les troupes d'infanterie légère. La cavalerie macédonienne, sous les ordres de Philotas, était à l'aile droite ; la cavalerie des alliés et la cavalerie thessalienne, commandée par Calas, à gauche. Les hypaspistes, commandés par Nicanor, fils de Parménion, étaient à droite de la phalange. Par une disposition que nous retrouverons dans les autres grandes batailles d'Alexandre, sa ligne se divisait en deux parties, celle de droite, placée directement sous ses ordres, et celle de gauche, sous Parménion.

De l'autre côté du Granique, la cavalerie perse bordait la rive : les Mèdes et les Bactriens à droite, sous Rhéomithrès, lesPaphlagoniens et les Hyrcaniens, sous Arsitès et Spithridatès, le reste de la cavalerie à gauche, sous Memnon et Arsamès. Le Granique n'est pas large ; d'une rive à l'autre, on se voyait facilement. Plusieurs chefs perses reconnaissant Alexandre à l'éclat de ses armes et à son cortège, et s'apercevant qu'il se tenait à la droite de son armée, passèrent eux-mêmes à leur gauche, afin de se trouver plus à portée de le combattre. La rive droite était élevée, escarpée, et offrait des avantages pour la défense.

Alexandre fit d'abord entrer dans la rivière ses cavaliers éclaireurs et une troupe armée à la légère, les Péoniens, habiles à lancer des traits. Ils les soutint avec une division de la phalange et l'escadron d'hétaires, qui tenait la tête de la cavalerie; puis, au son des trompettes, aux cris de guerre des soldats, il mena toute la droite à l'ennemi, en ordonnant au reste de l'armée de faire le même mouvement.

L'avant-garde arriva au bord opposé. Là, elle rencontra la meilleure cavalerie perse et ses meilleurs généraux; de la hauteur de la rive, l'ennemi dardait sur elle les traits; aussi ne put-elle prendre pied sur la rive droite et fut-elle repoussée sur le corps principal qu'amenait Alexandre. Le roi la ramena en avant, et une lutte des plus vives s'engagea au bord de la berge, les Macédoniens s'efforçant de sortir de la rivière, et les Perses les y repoussant. Dans la confusion du combat, Alexandre eut sa pique brisée; il en demanda une autre à son écuyer, qui ne put que lui montrer le tronçon de la sienne brisée aussi. Le Corinthien Démarate, qui combattait avec les hétaires, lui donna alors sa pique. Armé de nouveau, Alexandre poussa ardemment dans cette mêlée de cavalerie. Il frappa de l'arme à la face Mithridatès, gendre de Darius, et le jeta par terre. Rœhsacès courut alors à lui, et, d'un coup de sabre, lui fendit son casque, sans pourtant toucher la tête. Alexandre le perça de sa pique; mais pendant qu'il était engagé avec Rhœsacès, un autre chef perse, Spithridatès, leva son sabre sur lui, et il allait lui fendre la tête, lorsque Clitus, un des braves soldats de Philippe et le frère de la nourrice d'Alexandre, trancha le bras levé de Spithridatès, et sauva la vie du roi. Enfin,

Fig. 18. — Bataille du Granique, d'après Le Brun; musée du Louvre.

la cavalerie macédonienne rompit la cavalerie perse et prit
pied sur la rive droite. Les Thessaliens, à l'aile gauche,
eurent le même succès. Le passage de ce côté fut moins
disputé, et bientôt toute l'armée eut franchi le Granique.

[illegible]

ville de Dium, en Macédoine, furent, après la conquête de ce pays par les Romains, transportées à Romé par Q. Metellus. Dans le reste de la cavalerie, il y eut 60 tués, et dans l'infanterie 30. Ces chiffres, donnés par Arrien, sont faibles, le dernier surtout. On ne comprend pas que la destruction de l'infanterie ennemie ait coûté si peu de monde aux Macédoniens. Arrien et les auteurs anciens ne donnent pas le nombre des blessés, qu'un historien moderne, M. Grote, estime avoir dû être dix fois plus considérable, ce qui ferait, pour les morts et les blessés, 1,265.

La mémorable bataille du Granique fut livrée au mois de mai 334.

Alexandre montra une touchante sollicitude pour les blessés, les visitant, les consolant, se faisant raconter par eux leurs prouesses au passage du Granique. Aux parents des morts, il accorda l'exemption d'impôts et diverses immunités. Il fit enterrer honorablement les morts, ceux de l'ennemi aussi bien que les siens. Mais il ordonna de mettre aux fers les 2,000 prisonniers grecs, et les envoya en Macédoine pour y être employés aux mines. Il les condamnait pour avoir combattu contre leur pays, puisque, en vertu du décret de la diète de Corinthe, la Grèce était en guerre avec la Perse. En même temps, il envoya à Athènes trois cents panoplies perses comme offrande à la déesse Athéna de l'Acropole, avec cette inscription : « Alexandre, fils de Philippe, et les Hellènes, excepté les Lacédémoniens, offrent ces dépouilles des barbares qui habitent l'Asie. »

# CHAPITRE IV.

Suites de la bataille du Granique. — Occupation de Sardes et de la Lydie. — Alexandre à Éphèse. — Prise de Milet. — Siège d'Halicarnasse. — Expéditions dans la Lycie, la Pamphylie, la Pisidie. — Séjour à Gordium. — Le nœud gordien.

La victoire du Granique donna immédiatement à Alexandre la Phrygie hellespontique, dont les villes se rendirent sans résistance. Calas en devint le gouverneur, et fut remplacé, à la tête de la cavalerie thessalienne, par Alexandre, fils d'Aéropus.

Le roi prit ensuite le chemin de Sardes, capitale de la Lydie et centre de la domination perse en Asie Mineure. Il en était à 70 stades, lorsque Mithrinès, qui y commandait pour Darius, vint, avec les premiers de Sardes, pour offrir de lui livrer la ville, la citadelle et l'argent que l'on y gardait. Rien ne pouvait, en ce moment, advenir de plus heureux à Alexandre que la défection du gouverneur perse. Lui-même, arrivé devant l'acropole, admira son bonheur d'avoir occupé, sans coup férir, cette citadelle formidable, presque imprenable, et qui aurait exigé un long siège, pendant lequel la flotte perse pouvait agir sur le littoral. En signe de sa reconnaissance, il éleva sur l'acropole un temple à Zeus Olympien. Il traita Mithrinès avec honneur, le gardant près de lui, jusqu'à ce qu'il lui donnât une satrapie. Les habitants de Sardes et les autres Lydiens eurent une sorte d'autonomie, c'est-à-dire le droit de se gouverner par leurs anciennes lois. Ce fut chez Alexandre comme un principe de laisser les peuples conquis s'administrer eux-mêmes, ne plaçant chez eux qu'une petite troupe militaire, sous un chef macédonien, avec un intendant, macédonien aussi, chargé de percevoir les impôts, qui n'étaient pas lourds sous la domination perse, qu'il n'augmenta pas, qu'il diminua même quelquefois.

De Sardes, il ordonna à Calas et au fils d'Aéropus d'occuper Atarnée et le reste de la principauté de Memnon. Il marcha ensuite sur Éphèse, pour s'en emparer avant que Memnon pût la secourir. Cette ville avait subi récemment une révolution oligarchique. Syrphax, un des principaux citoyens, y avait établi son pouvoir avec l'aide d'un exilé macédonien, Amyntas. A la nouvelle de l'approche d'Alexandre, Amyntas s'enfuit avec deux vaisseaux. Syrphax et sa famille se réfugièrent dans le temple d'Artémis. Le roi entra dans la ville, sans résistance, établit une constitution démocratique, et ordonna que le tribut payé aux Perses le serait désormais à ce célèbre temple d'Artémis, qui, incendié le jour de sa naissance, n'était pas encore complètement rebâti. Rien ne pouvait être plus agréable au peuple d'Éphèse que cette décision. La plupart des habitants ne furent pas moins heureux de recouvrer leur démocratie. Ils tirèrent

Syrphax et sa famille de leur asile, les lapidèrent,

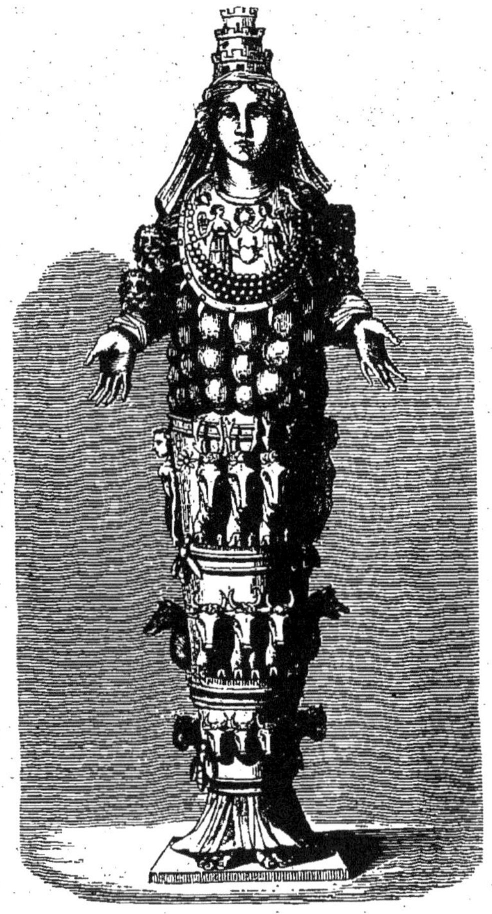

Fig. 14. — Statue de Diane (Artémis) d'Éphèse.

et auraient étendu le massacre aux autres partisans
de l'oligarchie, si Alexandre n'eût formellement inter-

dit de pousser plus loin les recherches et la vengeance.

Maître d'Éphèse, en communication avec sa flotte, le roi envoya Parménion, avec 5,000 fantassins et 200 cavaliers, occuper les deux importantes villes de l'intérieur, Magnésie et Tralles, tandis qu'il expédiait, avec une force égale, Antimaque pour délivrer les différentes villes grecques de l'Éolide et de l'Ionie. Cet officier devait abolir partout les oligarchies, formées sous la protection des Perses, établir des démocraties, et supprimer le tribut. Alexandre entendait accomplir sa mission de libérateur.

A cette époque, vivait à Éphèse le grand peintre Apelles. Alexandre l'avait connu en Macédoine; il le visita plusieurs fois dans son atelier, et voulut qu'à lui seul il fût permis de peindre sa figure. Apelles fit sans doute dès lors son portrait, comme ceux de plusieurs officiers macédoniens, entre autres de Clitus; mais il ne fit que plus tard ce célèbre portrait du conquérant, conservé dans le temple d'Artémis, et qui représentait Alexandre lançant la foudre. Au rapport de Pline, ce merveilleux portrait fut payé au peintre 20 talents (111,600 fr.). On disait qu'il y avait deux Alexandre, celui de Philippe, l'Invincible, et celui d'Apelles, l'Inimitable.

La ville la plus considérable de cette côte, après Éphèse, était Milet. Alexandre s'y dirigea en quittant Éphèse, mais il ne l'acquit pas aussi facilement. Hégésistrate, qui y commandait avec une troupe de mercenaires, avait fait d'abord mine de la vouloir rendre. L'approche de la flotte perse, composée en grande partie de navires phéniciens, le fit changer d'avis : il résolut de se défendre. Malheureusement pour lui, la flotte macédonienne devança la flotte perse, et occupa le port de Milet, tandis qu'Alexandre en attaquait les murailles. Les assiégés repoussèrent les premiers efforts des Macédoniens. Parmi les assaillants qui périrent dans cette action, l'on cite les deux fils d'Hellanicé, nourrice d'Alexandre et sœur de Clitus. L'occupation de leur port interdisait aux Milésiens la possibilité d'une longue défense. La flotte phénicienne, forte de près de 400 galères, tandis que les Macédoniens n'en avaient que 160, tenta vainement d'y pénétrer, et essaya aussi inutilement d'engager l'ennemi à en sortir, pour venir combattre en pleine mer. Parménion conseillait de risquer la bataille ; Alexandre ne le voulut pas. L'infériorité du nombre, celle de l'habileté dans ses équipages, comparés aux équipages phéniciens, lui faisaient craindre une défaite, qui aurait eu en ce moment les plus graves conséquences, et pouvait amener une insurrection générale en Grèce. Parménion, en faveur de son opinion, alléguait un présage : il avait vu un aigle arrêté sur le bord de la mer, derrière la flotte du roi. Alexandre répondit que cet aigle, arrêté sur le rivage, annonçait sans doute un succès, mais un succès sur terre. « C'est sur terre, dit-il, que nous vaincrons les vaisseaux ennemis. »

Il pressa donc par terre le siège de Milet. La ville fut prise. La garnison, à qui la flotte macédonienne interdisait les moyens de s'échapper, périt en grande partie.

Trois cents mercenaires grecs se sauvèrent sur un îlot escarpé, à l'entrée du port. Alexandre se disposait à les y assaillir; pourtant, les voyant décidés à une résistance désespérée, il les reçut à composition, et les prit à son service. Il traita humainement les Milésiens, leur laissant leur liberté, et vendit comme esclaves tout ce qu'il trouva d'étrangers dans la ville.

Se voyant maître de tout le littoral de l'Ionie, il résolut de licencier sa flotte, qui lui coûtait cher et ne lui rendait pas grand service. Ne la jugeant pas en état de combattre victorieusement la flotte perse, et craignant qu'elle se laissât entraîner à un engagement où elle éprouverait un désastre, il préféra la congédier. Diodore de Sicile dit qu'il retint quelques vaisseaux nécessaires pour le transport des machines de güerre.

Après l'Ionie venait la Carie. Alexandre savait qu'il allait rencontrer là une opération de guerre des plus difficiles, le siège d'Halicarnasse. Memnon s'était jeté dans cette place, et l'on ne doutait pas qu'il la défendît vigoureusement. Darius avait mis récemment sous ses ordres toute la flotte des Perses et tout ce qu'il leur restait de forces dans ces parages, en un mot, lui avait confié toute la conduite des affaires dans cette partie de l'empire. Avec Memnon le Rhodien, s'était jeté dans Halicarnasse un des hommes qui détestaient le plus les Macédoniens, Éphialtès, que le roi avait fait bannir d'Athènes.

Si la ville principale de la Carie, Halicarnasse, était

bien gardée contre Alexandre, il n'en était pas de même
du reste du pays.

Hécatomnus, roi de Carie, avait laissé trois fils : Mausole, Idrieus et Pixodarus, et deux filles, Artémise et Ada.
Le mariage entre frères et sœurs était d'usage dans la

Idrieus mourut, et sa veuve fut chassée d'Halicarnasse par son frère Pixodarus. Elle avait conservé la ville d'Alinda. Elle alla au-devant d'Alexandre, lui offrit sa ville, l'adopta pour fils, et lui demanda sa protection. Alexandre accepta le titre de fils d'Ada, lui laissa la ville d'Alinda, en y joignant les autres villes de la Carie, promptement soumises, et mit le siège devant Halicarnasse, qu'un seigneur perse nommé Orontobatès, gendre de Pixodarus, défendait de concert avec Memnon et Éphialtès.

Dans ce siège, il fut fait grand usage de ces machines, qui étaient l'artillerie des anciens, et avec lesquelles ils renversaient les plus fortes murailles. Les attaques des Macédoniens, interrompues par les vaillantes sorties des assiégés, se poursuivirent régulièrement, et, malgré des échecs partiels, réussirent en somme. Enfin, Memnon reconnut qu'il ne pouvait défendre la place plus longtemps et se décida à l'évacuer. Éphialtès ne voulant pas survivre à la prise de la ville, et voyant que l'unique chance de salut consistait à détruire les machines des assiégeants, obtint de Memnon la permission de faire une dernière tentative. Il prit avec lui 2,000 hommes choisis; la moitié devait se jeter sur l'ennemi, l'autre moitié portait des torches pour brûler les machines. Au point du jour, toutes les portes furent ouvertes, et des sorties eurent lieu simultanément à toutes. A la faveur de cette diversion, Éphialtès, avec ses 2,000 hommes d'élite, marcha résolument aux ennemis, pénétra dans leurs lignes, força à fuir les troupes qui les gardaient, et mit le feu à quelques machines. Alexandre, accouru, rallia ses troupes : les vieux soldats de Philippe, les vétérans, se portant en avant, firent honte aux jeunes soldats de leur terreur. Éphialtès ne put enfoncer la phalange reformée; il fut tué, et ses soldats reculèrent, laissant aux Macédoniens le loisir d'éteindre l'incendie des machines. Les autres sorties eurent encore moins de succès; les assiégés, poursuivis de toutes parts, furent rejetés dans la place.

Memnon et Orontobatès n'avaient plus qu'à exécuter leur projet d'évacuation. Ils profitèrent de la nuit pour incendier leurs machines et leurs magasins, laissèrent des troupes avec des provisions dans les forts, embarquèrent pour l'île de Cos le reste de leurs soldats, et ceux des habitants qui voulurent émigrer avec leur fortune, puis abandonnèrent la ville, qui brûlait en plusieurs endroits. Alexandre, en entrant, le lendemain, dans Halicarnasse, fit éteindre l'incendie. Il épargna les habitants qui restaient, mais il ordonna de démanteler complètement et même de démolir la ville. Ptolémée fut chargé de bloquer les deux forts, avec un corps de 3,000 hommes. Ada eut toute la Carie, sous la protection et la suzeraineté d'Alexandre.

Maintenant, la saison était avancée; le roi, quoique décidé à continuer pour sa part la campagne, donna à tous ceux de son armée qui s'étaient mariés cette année-là, congé de retourner en Macédoine, passer l'hiver avec leurs femmes. Ils amèneraient, au printemps, les renforts réunis dans l'intervalle.

Alexandre envoya une partie de l'armée avec Parménion prendre ses quartiers d'hiver à Sardes. Pour lui, avec le reste de ses troupes, il s'attaqua, malgré la mauvaise saison, à ces rudes et montagneuses contrées, la Lycie, la Pamphylie, la Pisidie. Devant la terreur de son nom, toutes les villes de la Lycie se rendirent. La ville maritime grecque de Phasélis se mit sous sa protection.

Pendant son séjour dans cette ville, il fut averti, par une lettre de Parménion, qu'un agent secret des Perses, tombé entre ses mains, lui avait révélé qu'il se rendait auprès d'Alexandre, fils d'Aéropus, lequel était en négociation avec le roi des Perses, pour tuer Alexandre. Darius lui promettait, s'il accomplissait cet acte, de l'aider à s'établir sur le trône de Macédoine, et de lui donner 1,000 talents (5,580,000 fr.). Avec ces détails, Parménion envoyait l'agent à Alexandre. On a déjà vu par quelle circonstance ce fils d'Aéropus, complice, avec ses deux frères, de l'assassinat de Philippe, avait été épargné, tandis que ses frères étaient punis de mort ; il avait reçu récemment le commandement de la cavalerie thessalienne. Le roi, sur la dénonciation de Parménion, le considérant comme coupable ou du moins comme dangereux, le fit arrêter et garder prisonnier.

De Phasélis, il se dirigea sur Perge, en Pamphylie. La plus grande partie de ses troupes prit par le chemin difficile des montagnes ; lui-même, avec quelques détachements, suivit une route encore plus difficile et plus dangereuse, le long du rivage, appelée *Climax* (l'Échelle). C'était un étroit sentier entre le rocher et la mer, que l'eau, lorsque soufflait le vent du sud, couvrait de manière à le rendre impraticable. Or, ce vent soufflait quand Alexandre s'y trouva engagé avec ses soldats; de plus, la pluie tombait. Il semblait qu'il ne pouvait éviter d'être englouti dans les flots; mais tout à coup le vent changea et se mit à souffler du nord; la pluie cessa, les vagues refoulées laissèrent le passage libre, et l'on arriva à Perge sans dommage. Arrien dit que le roi et ses amis virent dans ce subit changement de vent l'intervention de la divinité. Plutarque fait remarquer qu'Alexandre, dans ses lettres, dit simplement qu'il fit

Fig. 16. — Coiffure du mode phrygien.

route par le passage appelé *Climax,* sans parler de miracle.

Après Perge, il occupa les villes de Sidé, d'Aspendus, de Syllium; puis il se dirigea sur la grande Phrygie, à travers les montagnes de la Pisidie, habitées par une rude et presque indomptable population. Sur sa route, il soumit plusieurs de ces peuplades, et, après de grandes fatigues, suivant le lac salé d'Ascanius, il arriva à Célènes, aux sources du Méandre et du Marsyas. Au milieu de la ville, sur un rocher à pic, au pied duquel naissait le Marsyas, s'élevait la citadelle. Mille Cariens et cent mercenaires grecs la gardaient. Ces hommes offrirent de la rendre, s'ils n'étaient pas secourus avant soixante jours. Alexandre accepta leur proposition. Il laissa un de ses lieutenants, déjà âgé, Antigone, avec 1,500 hommes, pour attendre leur reddition, et il le nomma gouverneur de la grande Phrygie. Après dix jours passés à Célènes,

Fig. 17. — Statue d'Atys ou Attys ; costume de berger phrygien.

il se porta plus au nord, jusqu'à la ville de Gordium, sur le Sangarus, où se termina sa campagne d'hiver.

Pendant le séjour assez long qu'il fit dans cette ville, en attendant que Parménion et les renforts de Macédoine fussent venus l'y rejoindre, il eut le loisir d'en visiter les curiosités. La plus remarquable était un vieux chariot de structure grossière, conservé dans la citadelle, et qui avait appartenu, disait-on, au laboureur Gordius et à son fils Midas, ces antiques rois de la Phrygie. Le joug était attaché au timon, par un nœud si adroitement fait qu'on ne pouvait découvrir ni où il commençait, ni où il finissait. Suivant l'ancienne tradition du pays, un oracle avait déclaré que celui qui pourrait le délier obtiendrait l'empire de l'Asie. Il était sans doute sous-entendu que celui-ci aurait une armée avec lui. Alexandre remplissait cette condition, il voulut tenter l'aventure. Après plusieurs essais inutiles : « Il n'importe, dit-il, comment on le dénoue; » et, l'ayant coupé avec son épée, « il accomplit l'oracle ou l'éluda », dit Quinte-Curce.

Des ambassadeurs athéniens vinrent à Gordium lui demander la liberté de ceux de leurs compatriotes qui, faits prisonniers à la bataille du Granique, avaient été envoyés en Macédoine aux travaux des mines. Il refusa pour le moment, leur disant de revenir quand les affaires présentes seraient avantageusement réglées. Il ne voulait pas, en relâchant ses prisonniers, s'exposer à les retrouver servant dans l'armée perse ou dans une insurrection des Grecs.

# CHAPITRE V.



Dans le printemps de l'année 333 avant J.-C., l'armée macédonienne, réunie et renforcée, quitta Gordium et reprit ses opérations dans l'Asie Mineure. Elle s'avança jusqu'à Ancyre, reçut la soumission des Paphlagoniens, sans avoir à pénétrer dans leur pays, puis conquit la Cappadoce sur les deux rives du fleuve Halys. Cette campagne d'été a laissé peu de traces dans l'histoire. Il se passa, entre le départ de Gordium et l'entrée en Cilicie, quatre ou cinq mois, dont l'emploi détaillé ne nous est pas connu. Les événements, vers le même temps, sur une autre partie du théâtre de la guerre, ont obtenu plus de notoriété.

Memnon s'était porté au milieu des îles de la mer Égée pour occuper les principales. Son dessein était de s'attaquer à la Macédoine même et de favoriser un soulèvement des Grecs. Il disposait d'une flotte nombreuse et

d'un corps de mercenaires. Son neveu, Pharnabaze, et un
seigneur perse, Autophradatès, commandaient sous lui. Il
s'empara d'abord de l'île de Chios, puis débarqua dans
l'île de Lesbos. Quatre villes de l'île, sur cinq, se déclarèrent en sa faveur. Mitylène, gardée par une garnison
macédonienne, résista. Memnon mourut pendant le siège.
Son neveu Pharnabaze lui succéda; mais, bien qu'il par-
vînt à obtenir la reddition de Mitylène, il ne porta pas,
dans le traitement des affaires de la Grèce, une intelligence, une dextérité, une décision qui pussent faire de
lui un véritable successeur de Memnon. La perte de celui-
ci fut irréparable. Elle le fut, parce qu'elle nuisit consi-
dérablement, ou plutôt mit virtuellement fin à cette diversion dont le succès eût rappelé Alexandre en Europe, et ensuite parce qu'elle amena le roi de Perse à
s'en remettre à une grande bataille en Asie, au lieu de
persévérer dans l'entreprise contre la Macédoine, en
laquelle il n'eut plus de confiance.

Darius avait appelé à Babylone les contingents des provinces de son vaste empire. Ils étaient maintenant arrivés,
excepté ceux de la Bactriane, de la Sogdiane et de l'Inde,
qui n'en avaient pas eu le temps. On voyait rassemblés, dans les plaines de la Mésopotamie, Perses, Mèdes,
Arméniens, Derbices, Hyrcaniens, Cardaques, etc., etc.,
au nombre de 400,000 fantassins (des historiens disent
500 et 600,000) et de 100,000 cavaliers. Cette immense
multitude contenait sans doute quelques vigoureux éléments, mais, dans son état de non-organisation, elle était

incapable de tenir tête à l'armée macédonienne; c'est ce que l'orgueil des Perses ne voulait pas s'avouer. Ce déploiement de forces, le plus grand qu'on eût vu depuis Xerxès, les rendait fiers d'eux-mêmes et les remplissait d'espérance.

Il était naturel que Darius partageât ces sentiments, et qu'il ne doutât pas de l'issue victorieuse d'une rencontre de sa grande armée avec les Macédoniens. Un exilé athénien, fort capable, qu'il avait près de lui, Charidème, essayait vainement de le détourner de ce projet de tout remettre aux chances d'une bataille. Comme le roi, après une revue de l'armée, demandait, devant ses courtisans, le sentiment de Charidème, persuadé qu'il ne recueillerait de sa bouche que des témoignages d'admiration sur ces forces prodigieuses, l'Athénien lui dit franchement que cette multitude de gens, avec leur mauvaise discipline et leurs mauvaises armes, ne tiendraient pas contre les Macédoniens. Il avisa Darius de ne pas mettre sa confiance dans de pareilles troupes, mais d'employer son or à recruter des soldats dans la Grèce. Il conseilla de poursuivre les projets de Memnon, s'offrant lui-même pour les exécuter. Ses paroles excitèrent la dernière fureur parmi les Perses. Darius, aussi exaspéré qu'eux, saisit Charidème par la ceinture, et le remit à ses gardes pour le faire mourir. Charidème, entraîné au supplice, s'écria : « J'ai un vengeur de ma mort tout prêt. Celui contre qui je donnais ce conseil punira ceux qui ne l'auront pas suivi. »

Darius regretta d'avoir ordonné la mort de Charidème,
et n'en profita pas mieux de ses suprêmes conseils. Au
lieu de poursuivre l'entreprise de Memnon, il commanda
de retirer les mercenaires grecs de la flotte, et de les
transporter en Syrie, pour les joindre aux 20,000 qu'il
avait déjà. Il disposa ainsi d'environ 30,000 soldats
grecs. C'était, avec quelque bonne cavalerie perse, à peu
près tout ce que son armée contenait de réellement propre
au combat; mais le reste n'était que pour l'apparence
et la pompe.

Cette armée se mit en mouvement pour passer l'Euphrate. Quinte-Curce décrit ainsi sa marche :

« C'était une ancienne coutume des Perses de ne faire
marcher leur armée qu'après que le soleil était levé, et
alors on donnait, de la tente du roi, le signal avec la trom-
pette ; au-dessus de cette tente, on exposait à la vue de
tout le monde l'image du soleil, enchâssée dans du cristal,
et ensuite voici en quel ordre ils marchaient. Première-
ment, on portait des autels d'argent, sur lesquels il y
avait du feu, qu'ils appelaient éternel et sacré ; et les
mages suivaient, chantant des hymnes à la façon du
pays. Ceux-ci étaient accompagnés de 365 jeunes garçons,
selon le nombre des jours de l'année, vêtus de robes
de pourpre. Après, venait un char consacré à Jupiter
(Mithra), traîné par des chevaux blancs, et suivi d'un
coursier d'une grandeur extraordinaire, qu'ils appelaient *le cheval du Soleil*, et les écuyers étaient habillés
de blanc avec une baguette d'or à la main. Dix chariots,

avec des ciselures d'or et d'argent, suivaient après; puis marchait un corps de cavalerie composé de douze nations différentes d'armes et de mœurs ; et ensuite ceux que les Perses appellent *Immortels,* au nombre de 10,000, surpassant en somptuosité tout le reste des barbares; ils avaient des colliers d'or et des robes de drap d'or frisé, avec des casaques à manches, toutes couvertes de pierreries. A trente pas de là, suivaient ceux qu'ils appellent *les Cousins du roi* jusqu'au nombre de 15,000, à peu près parés comme des femmes, et plus curieux en leurs habits qu'en leurs armes. Ceux qu'ils appelaient les doryphores venaient après, qui portaient le manteau du roi, et marchaient devant son char, sur lequel il paraissait haut élevé comme sur un trône. Ce char était enrichi, des deux côtés, d'images de dieux, d'or et d'argent; et du milieu du joug, qui était tout semé de pierreries, s'élevaient deux statues de la hauteur d'une coudée, dont l'une représentait Ninus et l'autre Bélus, avec un aigle d'or entre deux, qui déployait les ailes comme pour prendre son vol. Mais rien n'égalait la magnificence du roi. Il était vêtu d'une saie de pourpre, rayée d'argent, et par dessus il avait une longue robe, toute brillante d'or et de pierreries, où deux éperviers semblaient fendre les nues et s'entredonner du bec. Il portait une ceinture d'or à la façon des femmes, d'où pendait son cimeterre, qui avait un fourreau tout d'une pierre précieuse. Il avait à la tête l'insigne royal que les Perses nomment *cidaris,* tiare, ceinte d'un bandeau bleu mêlé de blanc. A ses côtés,

marchaient 200 de ses plus proches parents, et 10,000
piquiers le suivaient en corps, ayant leurs piques enri-
chies d'argent, avec la pointe garnie d'or; et enfin 30,000
hommes de pied, qui faisaient l'arrière-garde. Puis,
on voyait paraître les chevaux du roi, au nombre de
400, qu'on menait
en main. A un stade
de là, venait Sisy-
gambis, mère de
Darius, sur un char,
et sa femme sur un
autre, et toutes les
femmes des reines
suivaient à cheval.
Il y avait ensuite
quinze grands cha-
riots, qu'ils appel-
lent *armamaxes,* où
étaient les enfants
du roi et ceux qui
avaient soin de leur

Fig. 18. — Darius; ruines de Persépolis,

éducation. Puis venaient, dans des voitures, les concubines
du roi au nombre de 360, en équipage de véritables reines.
Suivaient 600 mulets et 300 chameaux, qui portaient
l'argent du roi, et qui étaient escortés d'une garde
d'archers. Après, venaient les femmes des plus grands
seigneurs de la cour; etc. » (Quinte-Curce, trad. de
Vaugelas.) L'historien ajoute, ce qui paraît superflu,

que l'armée des Macédoniens ne ressemblait en rien à l'armée des Perses.

Entre les deux armées, s'étendait la grande chaîne du Taurus, dont le versant sud-ouest, jusqu'à la mer, forme la Cilicie. Alexandre, après s'être assuré de la Cappadoce, descendit au sud vers cette province de Cilicie. On y pénètre, en venant de la Cappadoce, par une route à travers le Taurus, étroite, très accidentée, et resserrée au sud entre des escarpements qui la dominent, de manière à permettre facilement d'en interdire l'accès. C'est le passage des Portes Ciliciennes. Soixante-dix ans plus tôt, le jeune Cyrus l'avait traversé pour marcher contre l'armée de son frère Artaxerxès dans la Mésopotamie. A l'entrée, se trouvait un site dit *le camp de Cyrus.*

Alexandre s'engagea dans ce défilé, que quelques soldats résolus auraient pu défendre contre une armée. Le satrape de Cilicie, Arsamès, ne songea pas même à tenter une facile résistance; des soldats perses qui s'y trouvaient en petit nombre s'enfuirent à l'approche des Macédoniens. « En voyant le passage qu'on lui livrait, Alexandre, dit Quinte-Curce, n'admira jamais tant sa fortune qu'alors, et il confessa qu'il pouvait être défait aisément à coups de pierres. »

Le lendemain, il déboucha dans la plaine de la Cilicie, et le même jour il entra dans la capitale de cette province, Tarse, qu'Arsamès venait d'abandonner précipitamment. Là, il tomba subitement malade, soit de fatigue, soit pour s'être baigné, ayant fort chaud, dans le Cydnus, qui tra-

verse la ville, et dont l'eau est aussi froide que limpide.
La fièvre était très violente, l'insomnie continuelle. Les
médecins, très inquiets, regardant la maladie comme mortelle, ne savaient que faire. Un d'entre eux cependant,
Philippe l'Acarnanien, fort habile dans son art et fort es-
timé d'Alexandre, promit de le guérir par un remède de
sa composition. Le roi lui ordonna de l'apprêter aussitôt.
Pendant que le médecin s'était retiré pour préparer sa
potion, on remit à Alexandre une lettre de Parménion,
resté dans la montagne, à quelques lieues de Tarse, qui
lui recommandait de se garder de Philippe, parce qu'il
avait entendu dire que celui-ci s'était laissé gagner par
Darius pour l'empoisonner. Le roi tenait encore cette
lettre à la main, lorsque Philippe arriva avec son remède.
Alexandre lui prit des mains la coupe contenant la potion,
lui remit la lettre, et but pendant que le médecin lisait.
Philippe ne se troubla pas, il se contenta de dire au
malade d'être sans inquiétude et que tout irait bien. En
effet, le roi guérit promptement. Cette anecdote montre la confiance magnanime d'Alexandre dans ses serviteurs. Elle prêtait aux amplifications; on pense bien que
Quinte-Curce ne s'en est pas privé.

Le rivage sud de la péninsule de l'Asie Mineure court
sinueusement à l'est, jusqu'à ce qu'il rencontre la masse
du mont Amanus, qui le rejette au sud. Une branche de
l'Amanus s'étend dans la même direction, de sorte qu'à
cette espèce d'angle du rivage, dont la ville d'Issus marque à peu près le sommet, répond une forme analogue de

la montagne. Entre ces deux angles parallèles s'étend une bande de terrain plane, étroite à certains endroits, jamais très large, serrée qu'elle est entre les montagnes et le rivage, accidentée d'ailleurs et coupée de torrents.

Pour se rendre, du littoral où se trouvait Alexandre, dans les plaines de la Syrie, situées à l'est de l'Amanus, et où Darius venait d'arriver après avoir passé l'Euphrate, il fallait d'abord traverser les Portes de l'Amanus, à l'ouest d'Issus; puis on rencontrait, à la hauteur de cette ville, un défilé très difficile, peu praticable pour une armée, appelé aussi Portes de l'Amanus; quelques lieues plus au sud, s'offrait le passage dit des Portes syriennes (Beylan). Darius avait placé son camp à Sochi, dans la plaine où débouche ce dernier passage, et à deux étapes des Portes syriennes.

Dès qu'Alexandre fut rétabli, il envoya Parménion occuper les divers défilés des montagnes. Lui-même dirigea quelques opérations dans la Cilicie, pays dont la possession était d'une grande importance comme communication entre l'Asie Mineure et la Syrie. Il occupa la ville d'Anchiale, que l'on disait avoir été bâtie par Sardanapale. Près de la ville, on montrait son tombeau, sans expliquer comment le roi de Ninive avait été enseveli près de Tarse. Sur le monument était sa statue, dans l'attitude de quelqu'un qui claque des mains, et on lisait sur la base une inscription en langue assyrienne, dont le sens était : « Sardanapale, fils d'Anakyndaraxe, a bâti (ou fondé) Anchiale et Tarse en un jour : toi, passant, mange, bois et amuse-toi ; tout le reste des choses humaines ne vaut pas ça (le bruit d'un claquement de mains). »

Alexandre vint à Soles, puis à Mallus, où il apprit que Darius était à Sochi. Il pensa que ce prince avait l'intention de l'attendre dans la plaine de Syrie, plutôt que de venir l'attaquer dans les montagnes. C'est pourtant à quoi Darius s'était résolu après beaucoup d'hésitations. Il voulait d'abord rester dans la plaine, qui était bien plus favorable que des gorges de montagne au déploiement de son immense armée et aux manœuvres de sa cavalerie. Mais le long séjour d'Alexandre dans la Cilicie fit croire aux Perses qu'il les redoutait et n'osait point se hasarder au delà ; ils prirent le parti de l'y aller chercher. Darius renvoya à Damas le plus lourd de ses bagages, une partie de son trésor militaire et une grande quantité de cet immense attirail qui suivait une armée perse ; mais il en garda encore beaucoup trop, puisqu'il emmena avec lui sa mère Sisygambis, sa femme Statira, ses filles, son fils tout enfant, et cette foule de femmes et d'esclaves, qui leur faisaient cortège. Il monta au nord vers le passage d'Issus. Or, en ce moment, Alexandre, après avoir achevé la soumission de la Cilicie, descendait, au sud, vers les Portes syriennes.

Alexandre ne s'arrêta à Issus que le temps d'y laisser ses malades, ses éclopés, et atteignit Myriandrus, dans le voisinage des Portes syriennes. Là, il reçut la nouvelle imprévue que Darius était près d'Issus avec toute son armée. En effet, le roi de Perse, passant par le défilé qui traverse l'Amanus à la hauteur d'Issus, était arrivé dans cette ville, y avait trouvé les malades macédoniens, les avait fait cruellement périr, puis s'était établi derrière une petite rivière appelée le Pinarus.

Quelques soldats échappés aux Perses annoncèrent à Alexandre l'apparition de Darius vers Issus. Cette nouvelle le surprit tellement qu'il en doutait d'abord. Un bateau qu'il envoya au fond du golfe d'Issus, pour s'assurer de ce qui en était, aperçut les Perses, et jugea par la quantité de feux qui brillaient entre la montagne et la mer, que toute l'armée de Darius se trouvait là. Alexandre, promptement informé, rassembla ses troupes, réunit auprès de lui les généraux et les officiers, leur adressa des paroles aussi sensées que vaillantes, leur disant que cette multitude de barbares n'était redoutable qu'en apparence, leur citant surtout l'exemple de Xénophon et des dix mille. Il ordonna ensuite à l'armée de se mettre en mouvement pour revenir sur Issus. On marcha jusque vers minuit; puis on se reposa le reste de la nuit, en se gardant avec vigilance, car on était à peu de distance des Perses.

Darius, averti de l'approche d'Alexandre, envoya au delà du Pinarus 30,000 cavaliers et 20,000 fantassins, afin d'avoir le temps, à l'abri de ces troupes, de ranger tranquillement le reste de son armée. La plaine inégale et étroite, traversée par le Pinarus, n'avait, depuis la montagne à la mer, que 14 stades (2,590 m.). Dans cette largeur de moins de 3 kilomètres, Darius forma sa ligne de bataille. Il mit au centre l'infanterie grecque, qui, depuis la jonction des anciens mercenaires de Memnon, s'élevait à une trentaine de mille hommes. Des deux côtés des Grecs, il plaça toute son infanterie régulière, appelée Cardaques, au nombre de 60,000 ; la cavalerie fut placée aux deux ailes. Le reste de l'armée se massa derrière cette ligne, sur les pentes de la montagne. Darius était sur son char, au centre, derrière les hoplites grecs.

Alexandre, comme au Granique, forma son armée en deux parties, celle de droite sous ses ordres immédiats, celle de gauche sous les ordres de Parménion. A droite, du côté de la montagne, il plaça son infanterie-garde ou hypaspistes, commandée par Nicanor, fils de Parménion, puis deux divisions de la phalange (Cœnus et Perdiccas). Parménion à gauche, du côté de la mer, eut trois divisions de la phalange (Amyntas, Ptolémée fils de Séleucus, Méléagre), commandées par Cratère.

La cavalerie macédonienne et la thessalienne étaient placées à droite, ainsi que les Agrianes et la principale portion des troupes légères. Alexandre donna à Parménion la cavalerie du Péloponnèse et celle des alliés, avec quelques troupes légères, Thraces et Crétois, en lui recommandant de serrer de très près le rivage de la mer pour éviter d'être tourné par la cavalerie perse.

Darius, après avoir rangé son armée, fit repasser la rivière aux troupes envoyées au delà du Pinarus. Il disposa la plus grande partie de la cavalerie vers la mer, contre Parménion, envoya le reste sur sa gauche, du côté des montagnes. Puis, pensant qu'elle lui serait inutile de ce côté à cause de l'inégalité du terrain, il en fit encore passer une grande partie sur sa droite.

Alexandre, voyant que le plus grand nombre des cavaliers perses se portaient contre Parménion, envoya, pour le soutenir, l'excellente cavalerie thessalienne. Ce mouvement se fit derrière l'infanterie, afin que l'ennemi ne s'en aperçût pas.

La bataille s'engagea sur la droite des Macédoniens, entre quelques troupes légères et un gros corps de Perses qui s'avançait sur la pente de la montagne. Ce premier combat fut de peu de durée ; les Perses, malgré leur grand nombre, se laissèrent refouler assez loin pour ne plus gêner les mouvements de la droite macédonienne. Alors Alexandre passa le Pinarus et se porta avec toute sa droite contre l'infanterie cardaque, qui formait la gauche des Perses. Cette infanterie ne résista pas à la charge impétueuse de la cavalerie, conduite par Alexandre en personne, et à la pression des hypaspistes ; elle fut mise en déroute.

Sa fuite découvrait le flanc gauche de l'infanterie grecque et laissait ouvert l'espace où se tenait le roi des Perses. Diodore de Sicile et Quinte-Curce ont fait des descriptions très dramatiques du combat qui se livra, disent-ils, autour du char de Darius ; le récit plus simple d'Arrien nous montre Darius effrayé de la déroute des Cardaques, n'ayant pas la présence d'esprit de donner des ordres pour réparer cet accident, faisant retourner les chevaux de son

Fig. 19. — Personnages de la cour de Darius; ruines de Persépolis.

char et prenant la fuite : c'est à quoi aboutit aussi le récit des deux autres historiens.

Ce manque de cœur de la part de Darius était d'autant plus déplorable que la bataille n'était pas encore perdue, il s'en faut. Les hoplites grecs avaient chargé les divisions de la phalange pour les empêcher de prendre pied sur la rive droite du Pinarus. La lutte fut acharnée, et c'est là que les Macédoniens firent leurs pertes les plus sérieuses de la journée. La grosse cavalerie perse traversa hardiment la rivière, et engagea avec la cavalerie thessalienne un combat très vif, dont l'issue en ce moment était encore incertaine.

Alexandre, quoique légèrement blessé à la cuisse, compléta rapidement la déroute de la gauche des Perses ; il jeta ses troupes victorieuses sur les mercenaires grecs, qui furent forcés de se replier. Trouvant que Darius s'était enfui, ils battirent en retraite, après des pertes considérables. La division des mercenaires de Memnon, au nombre de 8,000, commandée par le réfugié Amyntas et par Thymondès, neveu de Memnon, parvint à se faire jour à travers les corps macédoniens, en ce moment très dispersés, et gagna par les montagnes la côte de Phénicie ; elle trouva à Tripoli les vaisseaux qui l'avaient amenée, se rembarqua, et fit voile pour Chypre, puis pour l'Égypte. La cavalerie perse se retira aussi, à la nouvelle de la fuite de Darius.

Une fois certain de l'issue de la bataille, Alexandre reprit avec une grande vigueur la poursuite des vaincus.

Porus avait déjà sur lui beaucoup d'avance. Ce prince,
voyant que le terrain ne fut pas trop inégal, s'enfuit sur son
char; mais, arrivé dans les chemins raboteux des montagnes, monte à cheval, laissant son arc, son bouclier et

qu'ils le franchirent sur les corps qui s'y étaient entassés.

La bataille d'Issus se donna dans le mois de novembre de l'année 333. Les jours sont courts dans cette saison : la nuit arrêta bientôt la poursuite ; Alexandre ramena ses cavaliers sur le champ de bataille. Parménion, dans l'intervalle, s'était emparé du camp des Perses, et avait fait préparer une des tentes du pavillon royal pour Alexandre. Celui-ci allait se mettre à table avec ses officiers, lorsqu'il entendit des cris, des exclamations de deuil, dans la tente voisine ; il demanda quelle était la cause de ces gémissements. On lui dit que la mère, la femme, les enfants de Darius, maintenant captifs, ayant appris sa défaite, et que son arc, son bouclier, son manteau, étaient au pouvoir du vainqueur, le croyaient mort et se lamentaient sur sa perte. Alexandre envoya aussitôt un de ses officiers, Léonnat, pour assurer la mère et la femme de Darius que ce prince vivait, et qu'elles seraient elles-mêmes traitées avec les plus grands égards et en reines, parce qu'il ne combattait pas par haine contre Darius, mais pour l'empire de l'Asie.

On rapporte que, le lendemain, Alexandre alla voir les princesses, avec Héphestion, le plus cher de ses amis. « Comme ils étaient tous deux habillés de même, dit Diodore de Sicile, et qu'Héphestion l'emportait par sa taille et sa beauté, Sisyngambris (Sisygambis) prit celui-ci pour le roi et se prosterna pour le saluer ; quelques assistants l'avertirent de sa méprise, et lui indiquèrent de la main Alexandre. Sisyngambris, honteuse de son erreur, allait

renouveler sa salutation et se prosterner devant Alexandre; mais celui-ci lui dit en la relevant : « O mère, ne te
tourmente pas, car lui aussi est Alexandre. » En donnant
à cette princesse le titre de mère, le roi fit entrevoir avec
quelle prévenance il allait traiter toutes ces infortunées. »
Quinte-Curce raconte à peu près la même chose, en y
faisant intervenir l'épouse de Darius aussi bien que Sisygambis. Arrien doute de la vérité de ces détails. Plutarque
fait observer qu'Alexandre dit, dans une de ses lettres,
qu'il n'a ni vu ni voulu voir la femme de Darius; qu'il
n'a pas même souffert qu'on lui parlât de sa beauté. Elle
passait pour la plus belle femme de l'Asie. La famille du
roi de Perse était pour Alexandre une capture très précieuse; il en augmentait encore le prix par les égards
avec lesquels il traitait ses prisonnières. On porte le
nombre des tués, du côté des Perses, à 100,000 fantassins et 10,000 cavaliers. Parmi les morts, se trouvaient
Sabacès, satrape d'Égypte, et trois des généraux du
Granique : Arsamès, Rhéomithrès et Atizyès.

Les Macédoniens eurent 300 fantassins et 150 cavaliers tués. Il ne périt de leur côté qu'un officier d'un
grade supérieur, Ptolémée, fils de Séleucus, commandant
d'une division de la phalange; il eut pour successeur
Polysperchon.

On fit un ample butin dans le camp des Perses; on y
prit environ 3,000 talents (16,740,000 francs). Le reste
du trésor royal, déposé à Damas, devait tomber, quelques
jours après, aux mains des Macédoniens.

Alexandre avait offert des sacrifices avant la bataille ;
il en offrit d'autres le lendemain, et consacra sur les bords
du Pinarus trois autels, l'un à Zeus, l'autre à Héraclès,
l'autre à Athéna.

Darius avait fui toute la nuit. Le lendemain, celui qui,
la veille, conduisait 500,000 hommes, en put à peine
rassembler 4,000, Perses et mercenaires. Il gagna en toute
hâte la ville de Thapsaque, pressé de mettre l'Euphrate
entre lui et le vainqueur.

Alexandre ne le poursuivit pas. Il ne pouvait pas
songer à s'enfoncer dans la haute Asie. Il fallait, avant
tout, s'assurer des côtes de la Méditerranée, et enlever
aux Perses cette possession de la mer qui leur permettait
toujours de provoquer des soulèvements en Grèce. Pharnabaze et Autophradatès, commandants de la flotte perse,
quoique affaiblis par le départ des mercenaires appelés
à la grande armée, n'avaient pas renoncé aux projets de
Memnon. Ils eurent, dans l'île de Siphnos, une entrevue
avec le roi de Sparte, Agis, qui préparait une prise
d'armes contre la Macédoine. Mais la défaite d'Issus
devait rendre la position des Perses aussi mauvaise sur
mer que sur terre. Leur flotte se recrutait parmi les
Phéniciens, et Alexandre allait s'emparer de la Phénicie.

Après sa victoire, il envoya Parménion prendre Damas,
tandis que lui-même s'avançait jusqu'à la côte de Phénicie. Damas était une place forte et aurait pu soutenir
un siège. Mais le gouverneur ne demandait qu'à se rendre,
tout en sauvant les apparences. Il fit sortir de la ville

Fig. 21. — La famille de Darius aux pieds d'Alexandre, d'après le tableau de Le Brun; musée du Louvre.

l'immense dépôt de bagages, d'argent, de personnes qui s'y trouvait, sous prétexte de le préserver de l'ennemi, en réalité pour le lui livrer. Le malheureux convoi, se traînant par une journée d'hiver, sur la neige ou dans des chemins boueux, fut aisément atteint par les Macédoniens : 2,600 talents (14,508,000 francs) tombèrent en leur pouvoir, avec une foule d'objets précieux; ce qui l'était encore plus, c'était ce grand nombre de personnes des premières familles de la Perse, qui furent dès lors comme des otages. Là, se trouvaient entre autres la veuve et les filles du roi Ochus, la fille d'Oxathrès, frère de Darius, les femmes d'Artabaze et de Pharnabaze, les trois nièces de Memnon (filles de Mentor), sa veuve Barsine et son fils. Là se trouvaient aussi des réfugiés thébains, un envoyé de Sparte, un envoyé d'Athènes. On les mena au roi, qui fit mettre immédiatement les Thébains en liberté; il retint prisonnier le Spartiate pour quelque temps. L'Athénien était Iphicrate, fils du célèbre général de ce nom, qui avait été le fils adoptif d'Amyntas, grand-père d'Alexandre, le protecteur de la famille royale de Macédoine et de Philippe enfant. Le roi n'oublia pas ces souvenirs de famille; il traita Iphicrate avec distinction, l'engagea à rester près de lui, et quand, peu après, l'Athénien mourut, il lui donna des regrets, et envoya ses cendres à ses parents, dans sa ville natale.

Il était encore à Marathus, la première ville phénicienne qu'il eût occupée, lorsqu'il reçut une lettre de Darius. Ce prince, en disant que l'agression des Macé-

doniens contre les Perses était injuste et non provoquée,
redemandait au roi sa femme, sa mère, ses enfants captifs,
lui offrait son amitié et son alliance, et proposait d'ouvrir
des négociations pour la paix. Alexandre lui répondit
avec hauteur, énumérant les griefs que les Macédoniens
et lui-même pouvaient avoir contre les Perses, lui con-
testant la qualité de roi légitime, lui signifiant que s'il
voulait obtenir quelque faveur, il vînt le demander en
personne au maître de toute l'Asie, et l'invitant, quand
il s'adresserait à lui désormais, à le faire comme au roi
d'Asie.

# CHAPITRE VI.



Alexandre avait le projet arrêté de s'emparer de tout l'empire perse; pour le moment, il devait se borner à prendre possession de la partie occidentale.

Après Marathus, il occupa l'île d'Aradus, qui est en face, puis Byblos, puis Sidon, qui se rendirent également sans résistance. Sidon était la ville la plus anciennement importante de la Phénicie, célèbre déjà du temps d'Homère. Quoique sa prospérité eût été dépassée par celle de Tyr, elle gardait une sorte de dignité au-dessus des autres villes phéniciennes. Les Sidoniens avaient appelé les Macédoniens, mais Straton, leur roi, était suspect d'attachement aux Perses. Alexandre mit à sa place un certain Abdalonyme, fort pauvre, bien que de la famille royale. C'est du moins ce que raconte Quinte-Curce, car Arrien n'en parle pas, et Diodore, qui rapporte l'aventure,

la fait se passer à Tyr, contre toute vraisemblance. Voici,
abrégé, le récit de Quinte-Curce :

Le roi chargea Héphestion de choisir un Sidonien pour
mettre à la place de Straton. Héphestion était logé chez
deux jeunes frères des plus apparents du pays; il leur
offrit le sceptre, mais ils le refusèrent, disant que, par les
lois de l'État, nul ne pouvait monter sur le trône qu'il ne
fût du sang royal. Admirant leur désintéressement, il leur
dit de lui désigner donc un homme du sang royal, digne
de régner; ils lui déclarèrent qu'ils ne connaissaient personne plus digne du diadème qu'un certain Abdalonyme,
descendu, bien que de loin, de la tige royale, mais si
pauvre qu'il était contraint, pour vivre, de travailler en un
jardin hors de la ville. Héphestion accepta. Aussitôt les
deux frères partent avec les ornements royaux, et trouvent
Abdalonyme arrachant les mauvaises herbes de son
jardin; ils le saluent roi. Il semblait à Abdalonyme que
ce fût un songe, et il demandait aux deux frères s'ils
n'avaient point honte de se moquer ainsi de lui. Eux,
trouvant qu'il tardait trop, lui jettent sur les épaules une
robe de pourpre rayée d'or et le mènent à Alexandre. Le
roi fut si charmé de la mine et des propos d'Abdalonyme,
que non seulement il lui donna la place de Straton, mais
qu'il ajouta à son État une contrée voisine.

Restait Tyr, la plus puissante ville de la Phénicie. A
l'approche d'Alexandre, les Tyriens lui envoyèrent une
députation, qui lui apportait une couronne d'or et lui offrait des vivres, des provisions pour son armée. Alexandre

voulait davantage. Il prétendait que Tyr se déclarât
son alliée; il voulait disposer des nombreux navires
de la ville. Il demanda à entrer dans Tyr pour y offrir
un sacrifice à Héraclès. Les Tyriens avaient un temple
célèbre du dieu Melkart, auquel les Grecs donnaient le
nom de leur héros. Les rois de Macédoine se disaient
descendus d'Héraclès. Alexandre voulait sacrifier au dieu
tyrien, bien que celui-ci fût fort différent de l'Héraclès
argien. Les Tyriens refusèrent de l'admettre dans leur
ville, où il serait venu avec un corps d'armée, et il se promit d'y entrer malgré eux.

La ville était très forte, avec de hautes et épaisses
murailles, toute entourée par la mer, bien pourvue de
vivres, d'armes, de machines de guerre. Le canal qui la
séparait de la terre n'avait, il est vrai, que quatre stades
(740 mètres) de large; ce n'en était pas moins un obstacle formidable pour Alexandre, qui n'avait pas de flotte.
Il résolut de jeter dans le canal une digue qui s'étendît
jusqu'aux murailles, et d'où l'on pourrait les battre avec
les machines de guerre. On se mit à l'œuvre vers le
commencement de l'année 332. Les matériaux ne manquaient pas; on tirait des pierres des ruines de l'ancienne
ville de Tyr, situées sur le rivage, et le mont Liban
fournissait des bois en abondance. Cependant, l'ouvrage
allait lentement, parce qu'à mesure qu'on s'éloignait du
rivage la mer était plus profonde et engloutissait plus de
matériaux. On était d'ailleurs constamment interrompu
par les Tyriens : ils venaient sur leurs bateaux attaquer

les ouvriers et démolir le travail. Les Arabes, d'autre part, harcelaient les soldats qui allaient couper du bois dans la montagne. Alexandre eut donc à couvrir les travaux du côté de la mer et du côté du Liban : il le fit avec sa prévoyance et son énergie habituelles, mais il ne pouvait empêcher les accidents. Les Tyriens lancèrent un formidable brûlot contre la jetée et les tours et les machines de guerre qui les protégeaient, et y mirent le feu. Un vent violent qui vint à souffler en même temps excita l'incendie, et poussant les vagues contre la digue, la renversa.

Le roi vit que, sans une flotte, il ne pourrait pas vaincre la résistance de Tyr. Laissant à Cratère et à Perdiccas le soin de conduire le siège, ce qui consistait en ce moment à réparer la digue, à l'élargir, à la conduire au pied des murailles, prenant avec lui quelques escadrons de cavalerie, les hypaspistes, les Agrianes, les archers, il se rendit à Sidon. Les villes maritimes de la Phénicie, après avoir accepté l'alliance et le commandement d'Alexandre, avaient naturellement retiré de la flotte perse leurs vaisseaux. Il réunit ainsi 80 galères phéniciennes ; l'île de Rhodes lui en fournit 10, Soles et Mallus 3, la Lycie 10. L'événement le plus heureux fut l'entrée de l'île de Chypre dans son alliance : les différents rois de l'île lui amenèrent 120 galères. Alexandre eut donc une flotte considérable. Pendant qu'elle achevait de s'équiper à Sidon, il conduisit une expédition contre les Arabes dans l'Anti-Liban.

Fig. 22. — Tyr; aspect moderne.

Elle fut courte et de médiocre importance ; on y signale seulement un incident où le roi courut un sérieux danger pour un motif qui fait honneur à son cœur. Il avait avec lui son vieux précepteur Lysimaque, qui mettait de la vanité à le suivre. Quand le roi fut au pied de la montagne, il quitta les chevaux et commença à monter à pied. Ses troupes le devancèrent beaucoup. Le soir était venu ; l'ennemi était proche. Ne voulant pas abandonner Lysimaque, qui marchait avec peine, il se trouva séparé de sa petite armée avec très peu de gens, et fut obligé de camper pour la nuit dans une place très difficile et par un froid très vif. Plutarque raconte qu'il eut la hardiesse d'aller enlever du feu dans un poste ennemi, tuant deux Arabes de sa main. Enfin, cette nuit se passa sans accident. Il rejoignit ses troupes, reçut ou força la soumission des villages arabes, et revint, le onzième jour, à Sidon. Il y trouva, outre sa flotte prête, 4,000 mercenaires que Cléandre lui amenait du Péloponnèse.

Tyr devait succomber. Cette ville, en commençant son imprudente et héroïque résistance, avait compté sur les secours de Carthage, sa puissante colonie : Carthage ne lui en expédia pas, se contentant de donner asile aux femmes et aux enfants que les Tyriens lui envoyèrent. Tyr avait dû compter sur le secours de la flotte perse ; cette flotte, désorganisée ne lui vint pas en aide ; enfin, les Tyriens avaient pensé que si leurs compatriotes des villes phéniciennes ne combattaient pas pour eux, ils ne combattraient pas contre eux : en quoi ils se trompèrent encore.

Alexandre amena toute sa flotte contre la ville, espérant que les assiégés accepteraient la bataille. Les Tyriens, voyant avec leur ennemi les navires phéniciens, ne se promirent plus un succès sur mer; ils tinrent leurs vaisseaux dans leurs deux ports, celui du nord et celui du sud, qu'Alexandre bloqua avec sa flotte. La jetée était amenée au pied de la muraille. Le mur était tellement fort du côté de la terre et sur la mer, du côté du nord, que les plus puissantes machines ne purent y ouvrir de brèches; mais, du côté du port du sud, une partie de la muraille fut renversée. Les Macédoniens se disposèrent à un assaut général. La principale attaque fut dirigée du côté de la brèche. Deux galères, dont l'une portait des hypaspistes commandés par Admète, et l'autre des phalangites, sous les ordres de Cœnus, se placèrent en face et tout près du pan de mur écroulé. Alexandre était de sa personne sur le vaisseau d'Admète. Les navires cypriotes se rangèrent devant le port du nord, les navires phéniciens devant le port du sud. D'autres vaisseaux, portant des archers, des soldats habiles à lancer les traits, furent répandus autour de l'île, de manière à attirer sur tous les points l'attention des assiégés. La mer était calme; il n'y avait pas de vent, et rien ne gênait les manœuvres des navires qui battaient les murs de la malheureuse ville. Au moment fixé pour l'attaque, les galères d'Admète et de Cœnus jetèrent des ponts volants sur la brèche. Alexandre lança les hypaspistes et courut avec eux sur les débris de la muraille, d'où il chassa les assiégés. Admète fut tué ; mais Alexandre franchit la brèche et poussa dans la rue qui menait au palais. Cœnus arriva sur la muraille et pénétra dans la ville avec le même succès. Les Cypriotes forcèrent l'entrée du port du nord, les Phéniciens celle du port du sud. Tyr était envahie de toutes parts.

Le combat continuait dans les rues. Les Macédoniens couraient partout, irrités de la longue résistance des assiégés et du traitement barbare fait à plusieurs de leurs camarades, que les Tyriens avaient pris quelque temps auparavant et jetés en bas du mur, après les avoir égorgés à la vue de toute l'armée. Les vainqueurs, se rappelant cette atrocité, ne firent pas de quartier aux défenseurs de la ville, qui périrent au nombre de 8,000. Arrien dit que, dans l'assaut, il périt vingt hypaspistes, avec Admète, et que dans tout le siège les Macédoniens perdirent 400 hommes.

Des historiens ajoutent qu'Alexandre fit pendre ou mettre en croix, après sa victoire, 2,000 des défenseurs de Tyr : le silence d'Arrien permet de révoquer en doute cet acte de cruauté. Le roi Azémilc, les magistrats, d'autres citoyens et des députés de Carthage, qui s'étaient réfugiés dans le temple d'Héraclès, furent épargnés.

Tout le reste de la population, y compris les étrangers, fut vendu, au nombre de 30,000 individus. Ce chiffre ne paraît pas très considérable pour une ville comme Tyr. Mais les Phéniciens auxiliaires, lors de la prise de la ville, avaient laissé échapper le plus possible de leurs compatriotes.

Tyr fut prise au mois d'hécatombéon (juillet) de l'an 332, après un siège de sept mois. Alexandre accomplit en grande pompe le sacrifice solennel à Héraclès ; il l'accompagna de jeux et de réjouissances. La ville ne fut pas détruite ; une nouvelle population, recrutée dans l'île de Chypre, dans la Phénicie, s'y établit. Alexandre, connaissant combien elle était avantageusement située, encouragea la renaissance de son commerce, de sa prospérité.

Vers la fin du siège, il reçut une seconde proposition de Darius. Ce prince lui offrait 10,000 talents (55,800,000 fr.) pour la rançon des princesses captives, avec sa fille aînée en mariage, et tout le pays jusqu'à l'Euphrate. Alexandre communiqua ces propositions à ses principaux lieutenants et demanda leur avis. « Je les accepterais si j'étais Alexandre, » dit Parménion. — « Et mo aussi, reprit le roi, si j'étais Parménion. » Il répondit à Darius qu'il n'avait pas besoin de recevoir une somme d'argent et une partie du pays, car tout l'argent et tout le pays lui appartenaient, que s'il désirait épouser la fille de Darius, il l'épouserait sans que Darius la lui donnât ; du reste, qu'il vînt lui-même, s'il voulait obtenir un traitement bienveillant. A cette dure réponse, le roi de Perse comprit qu'il n'avait rien à espérer de négociations avec le conquérant macédonien, et il se prépara à soutenir la guerre.

Après la prise de Tyr, Alexandre acheva rapidement
de subjuguer la Palestine. Les Samaritains s'étaient em-

pressés de se sou-
mettre ; les Juifs
firent attendre
plus longtemps
leur obéissance.
L'historien Jo-
sèphe dit qu'A-
lexandre marcha
sur Jérusalem
pour punir cette
ville. Dans un
danger si pres-
sant, Jaddus, le
grand prêtre qui
gouvernait sous
les Perses, revêtu
de ses habits pon-
tificaux, vint au-
devant du con-
quérant, avec
les habitants,
vêtus de blanc.

Fig. 23. — Grand prêtre des Juifs.

« Alexandre fut frappé à la vue du souverain sacrificateur
portant sur la tiare et sur le front une lame d'or sur
laquelle le nom de Dieu était écrit. Dès qu'il l'aperçut,
plein d'un profond respect, il s'avança vers lui, s'inclina

en terre, adora ce nom auguste et salua le grand prêtre
avec une vénération religieuse. Les Juifs, s'étant assemblés autour d'Alexandre, élevèrent leurs voix pour lui
souhaiter toutes sortes de prospérités. » (ROLLIN). Josèphe
ajoute bien d'autres circonstances, qui ne sont pas parfaitement vraisemblables. On s'étonne du silence des historiens grecs sur un événement de cette importance ; mais,
quoiqu'il subsiste quelque doute sur le détail et même sur
le fait du voyage d'Alexandre à Jérusalem, il est certain
que les Juifs conservèrent de lui un favorable souvenir,
et qu'ils le regardèrent comme un autre Cyrus. Il montra
beaucoup de respect pour leurs coutumes, leur loi, leur
religion et leur laissa leur gouvernement particulier.

Avant de pénétrer dans la haute Asie, Alexandre
avait l'intention d'occuper l'Égypte. Il trouvait sur sa
route une place forte, Gaza, la dernière qui restât aux
Perses dans la Syrie, et qu'il ne voulait pas laisser derrière
lui. Batis, commandant de cette place, n'avait pas imité la
conduite de la plupart des gouverneurs perses qui s'é-
taient rendus si facilement au vainqueur ; il avait pris à
sa solde des Arabes, avait rassemblé des vivres, et, confiant dans la force de la ville, était résolu à se défendre
jusqu'à la dernière extrémité.

La ville, située sur une hauteur escarpée, à plus d'une
demi-lieue de la mer, entourée de sables et de marécages,
était peu abordable. Alexandre, qui, au siège de Tyr, avait
jeté une chaussée dans la mer, ne recula pas cette fois
devant la tâche d'élever sur ce sable un mont artificiel,

d'où il pût battre les murailles de plain-pied. Outre l'énormité du travail, il eut à repousser les sorties des assiégés, qui combattirent très énergiquement.

Un jour, il faisait un sacrifice. Un oiseau de proie, en passant au-dessus de lui, laissa tomber sur son épaule une motte de terre. Il demanda au devin Aristandre, qu'il avait l'habitude de consulter, ce que signifiait ce présage. « Il annonce, répondit le devin, que tu t'empareras de la ville, mais qu'aujourd'hui il faut prendre garde à toi. » Or, ce jour-là même, les Arabes firent une sortie pour incendier les machines, et ils repoussèrent ceux qui les gardaient. Alexandre, en secourant ses soldats, reçut du rempart un trait lancé par une catapulte, qui perça sa cuirasse et lui fit à l'épaule une assez forte blessure. Malgré la douleur du coup, il s'en réjouit, car la prédiction du devin, vérifiée sur un point, devait aussi se vérifier sur l'autre.

Il prit Gaza, non sans peine ; il fallut faire venir les machines qui avaient servi au siège de Tyr, leur faire franchir l'espace qui sépare la mer de la ville, et les hisser sur la levée. Enfin, des brèches furent pratiquées en plusieurs endroits de la muraille, et Alexandre lança ses soldats à l'assaut. Les premiers arrivés escaladèrent le mur et ouvrirent les portes à leurs camarades. Quoique la ville fût forcée, les habitants en état de porter les armes continuèrent à combattre et moururent à leur poste, et sans doute Batis avec eux. Les femmes et les enfants furent réduits en esclavage.

Il y a une horrible histoire, qui remonte au moins à un écrivain presque contemporain d'Alexandre, à Hégésias, d'après laquelle on amena au vainqueur Batis, couvert de sang et de poussière; le roi, indigné de sa longue résistance, lui fit percer les pieds, y fit passer une courroie, et le fit traîner, ainsi attaché par les pieds, derrière un char, jusqu'à ce qu'il en mourût. C'était une imitation d'Achille, qui avait traîné le corps d'Hector autour des murailles de Troie; mais Hector était mort, et Batis était vivant, ce qui renchérissait de cruauté sur un acte qu'Homère qualifie d'indigne. Cette anecdote, dont Arrien ne fait pas mention, est probablement fausse, mais il résulte du récit même de cet historien que les défenseurs de la ville ne demandèrent pas de quartier et qu'on ne leur en fit pas.

Le siège de Gaza avait duré deux mois. Alexandre repeupla la ville avec des habitants des environs, et y laissa une garnison.

Les choses avaient pris sur mer une tournure aussi avantageuse que sur terre. La flotte perse, fort diminuée en nombre par la défection des Phéniciens et des Cypriotes, découragée par les événements, n'avait pu résister à la flotte macédonienne, commandée par Hégélochus et Amphotérus. Ceux-ci avaient repris toutes les îles que Memnon avait rattachées, l'année précédente, à la cause des Perses, Chios, Ténédos, Lesbos. Pharnabaze fut pris avec ce qui lui restait de vaisseaux et 3,000 mercenaires grecs.

Alexandre se dirigea de Gaza sur l'Égypte, au mois

d'octobre 332. Il arriva, en sept jours, à Péluse ; sa flotte y vint en même temps de Phénicie.

L'empire des Pharaons, conquis deux siècles plus tôt par les Perses, avait gardé sa civilisation sous leur puissance. Plusieurs fois, il avait essayé de recouvrer son indépendance. A la suite de ces révoltes, dont quelques-unes s'étaient prolongées fort longtemps, la domination des Perses était devenue plus dure, beaucoup moins respectueuse des coutumes et de la religion du pays. Il y avait en ce moment en Égypte des sujets mécontents, irrités, ne redoutant plus leurs anciens maîtres, et des maîtres découragés, séparés du reste de l'empire par les victoires d'Alexandre, et n'ayant pas de secours à attendre. Cet état de choses avait inspiré au transfuge macédonien Amyntas, qui s'était heureusement échappé du champ de bataille d'Issus, avec une division de mercenaires, l'idée de s'emparer de l'Égypte. De Cypre il fit voile pour ce pays, prétendant agir au nom de Darius. Il attira à lui beaucoup de nationaux, et marcha sur Memphis, quartier général des Perses. Ceux-ci essuyèrent d'abord quelques défaites. Mais Amyntas n'était pas Alexandre : il pilla la contrée, souleva les habitants contre lui, se laissa surprendre par les Perses et fut détruit.

Les vainqueurs n'osèrent rien contre Alexandre. Sa marche en Égypte fut une promenade triomphale. Les nationaux se pressaient autour de lui. Pendant que sa flotte remontait la branche orientale du Nil jusqu'à Memphis, il s'avançait par terre jusqu'à la même ville ;

Mazacès, satrape d'Égypte, la lui livra aussitôt, avec un trésor de 800 talents (4,464,000 fr.).

Il resta quelque temps à Memphis, offrant aux dieux de pompeux sacrifices, particulièrement au dieu égyptien Apis, célébrant des jeux gymniques et musicaux. Il descendit ensuite la branche canopique, ou la plus occidentale du Nil, n'emmenant avec lui que les hypaspistes, les Agrianes et l'escadron royal.

Un passage de l'*Odyssée* d'Homère avait attiré son attention sur la petite île de Pharos, située à l'ouest de cette embouchure du Nil. Il avait le dessein d'y fonder une ville ; mais, arrivé sur les bords de la Méditerranée, il préféra, comme emplacement de la ville, une bande de terrain qui s'étend entre le lac Maréotis et la mer, là où existait déjà le bourg de Racôlis. Plus tard, l'île de Pharos fut jointe par un môle à la ville. Les travaux furent poussés avec beaucoup d'activité. Alexandre traça l'enceinte de la cité, en dressa le plan, indiquant les endroits pour les places publiques, pour les temples. Les détails du plan et l'exécution furent confiés à l'architecte Dinocrate, fameux pour avoir rebâti à Éphèse le temple d'Artémis. La ville s'appela du nom de son fondateur, qui voulait en faire la capitale de l'Égypte. Admirablement située pour le commerce, servant comme de trait d'union entre les trois continents, Alexandrie devint promptement peuplée et florissante.

Le désir prit Alexandre de visiter le temple d'Ammon, établi fort loin au sud-ouest de la ville nouvelle, dans le

Fig. 24. — L'Alexandrie antique ; restauration.

désert de Libye. Ammon était un des plus grands dieux du panthéon égyptien ; les Grecs l'identifiaient avec leur Zeus. C'était chez eux une tradition que deux de leurs plus grands héros, tous deux fils de Zeus, Persée et Héraclès, étaient allés consulter son oracle. Les rois de Macédoine, en leur qualité d'Héraclides, prétendaient descendre d'Héraclès et de Persée, aïeul d'Alcmène, mère d'Héraclès. Si purement fabuleuse que nous paraisse cette généalogie, elle ne l'était point pour Alexandre ; il voulait faire ce qu'avaient fait ses ancêtres. Il en était même venu à soupçonner qu'il pouvait avoir avec Zeus une parenté plus immédiate que par Héraclès et Persée, et que, comme eux, il pourrait bien être le fils du maître des dieux. De ce que cette idée nous semble folle, il ne s'ensuit pas qu'Alexandre ne pût pas l'avoir. Il était, à bien des égards, un héros homérique ; il y avait chez lui un vif sentiment religieux, qui exaltait plutôt qu'il ne troublait son génie. On peut aussi supposer, si l'on veut, qu'il y avait dans son idée un dessein politique. Quoi qu'il en soit, il résolut d'aller visiter le sanctuaire d'Ammon, avec l'espoir d'obtenir une réponse sur son origine divine et sur l'empire du monde, auquel il prétendait.

Il se rendit d'abord, en suivant le rivage de la Méditerranée, à Parétonium, la ville la plus occidentale de l'Égypte ; ce fut un premier voyage de 1,600 stades (237 kilomètres environ, en comptant par le stade pythique de 148 mètres), sur une plage sablonneuse, mais où l'eau ne manquait pas. Le reste de la route, un peu

plus court, dut se faire à travers des sables sans végétation et sans eau. Un pèlerinage ne pouvait se passer
de circonstances merveilleuses. Au bout de quelques jours
de marche, les soldats avaient épuisé leur provision
d'eau ; ils allaient périr de soif lorsqu'une pluie abondante
vint les rafraîchir et leur fournir de l'eau. Il y a plus, le
vent, soulevant ces sables comme les vagues de la mer,
effaçait les traces de
chemins, de sorte qu'A-
lexandre et ses compa-
gnons ne savaient com-
ment se diriger, lorsque
deux serpents, suivant
Ptolémée, deux cor-
beaux, suivant Aristo-
bule, s'offrirent pour

Fig. 25. — Le dieu Knouphis, forme d'Ammou
adoré en Nubie.

guides. Arrien est embarassé par ces assertions différentes,
et, tout en admettant une intervention de la divinité dans
le voyage d'Alexandre, il avoue que les contradictions
des témoins rendent le fait moins croyable.

Le temple était situé dans l'oasis appelée maintenant
Syouah. C'était, au milieu de sables arides, une île de
verdure où des sources vives entretenaient une riche
végétation. Une de ces fontaines, la principale sans
doute, avait la singulière propriété d'être très froide
lors de la plus grande chaleur du jour, et très chaude
à l'heure la plus froide de la nuit. Au point du jour, elle
est tiède, disent Quinte-Curce et Arrien, cette fois d'ac-

cord ; à midi, froide ; vers le soir, elle s'échauffe peu à peu, et à minuit elle est toute bouillante ; puis, à mesure que le jour approche, sa chaleur diminue, continuant toujours dans cette même vicissitude.

Au milieu du bois, s'élevait le temple d'Ammon. « Le dieu qu'on adore dans ce temple n'a point la figure que les peintres et les sculpteurs, ont accoutumé de donner aux dieux : il est fait d'émeraudes et d'autres pierres précieuses et, depuis la tête jusqu'au nombril, il ressemble à un bélier. Quand on le veut consulter, les prêtres le portent dans une nef dorée, garnie d'une quantité de coupes d'argent, qui pendent des deux côtés. Ils sont suivis d'une troupe de femmes et de jeunes filles, qui chantent certains cantiques à la mode du pays. »(QUINTE-CURCE) « Alexandre admira le lieu, et consulta l'oracle du dieu, et ayant appris, comme il le dit, ce qu'il lui tenait à cœur de savoir, il s'en retourna en Égypte. » C'est en ces termes assez secs qu'Arrien met tout ce qu'il a à dire sur cette célèbre entrevue d'Alexandre avec les prêtres d'Ammon. On sait peu ce qui s'y passa. Il paraît qu'ils saluèrent le jeune héros comme fils d'Ammon, et lui promirent la conquête du monde. Alexandre n'en demandait pas davantage.

Cette idée de se dire fils de Zeus Ammon est sans doute des plus étranges. Peut-être faut-il l'attribuer à la religion d'Alexandre autant qu'à son orgueil et à sa politique. Il n'exigeait pas formellement qu'on l'appelât de ce nom, il ne reniait pas son père Philippe (il ne le renia qu'une fois, dit Plutarque) ; mais il lui eût paru impie de

repousser un titre que lui donnait l'oracle. Même réduite
à ces termes, cette prétention déplut à beaucoup de Macédoniens. Des mécontentements se formèrent en secret,
et éclatèrent de temps en temps. Un des officiers qui
qualifièrent avec trop peu de réserve la prétendue divinité

Fig. 26. — Monnaies d'Alexandre le Grand.

d'Alexandre fut Philotas. Le roi l'apprit, et il conçut dès
lors contre ce général une défiance qui, vingt mois plus
tard, produisit des effets tragiques.

Un frère de Philotas, Hector, périt dans un accident
sur le Nil. Alexandre montra un grand regret de sa mort,
et l'honora de magnifiques funérailles. Un bel avenir
lui semblait réservé; mais il n'aurait pas sans doute
échappé à la terrible disgrâce qui frappa son frère aîné

et son père. Sa mort à la fleur de l'âge, si triste en apparence, fut heureuse en réalité.

De retour à Memphis, Alexandre régla les affaires du pays. Le gouvernement civil fut confié à deux Égyptiens, Doloaspis et Pétisis; quelques généraux capables commandèrent les garnisons macédoniennes laissées en Égypte, mais il n'y eut pas de chef unique placé au-dessus des autres. Un commandement général paraissait dangereux dans un si grand pays.

Au printemps de 331, Alexandre repartit pour la Phénicie, afin d'achever les préparatifs de sa grande expédition au delà de l'Euphrate. Il y avait eu des troubles, en son absence, à Samarie. Andromaque, gouverneur de la Syrie et de la Palestine, étant venu dans cette ville pour y rétablir l'ordre, les habitants mirent le feu à la maison qu'il habitait, et l'y brûlèrent. Alexandre ne pouvait laisser ce crime impuni; il fit mourir les principaux coupables. Du reste, le tumulte ne s'étendit point et n'eut pas de durée.

Le roi séjourna à Tyr et y passa sa flotte en revue. De ce port, il dirigea une partie de ses vaisseaux sur le Péloponnèse, où les Lacédémoniens méditaient un soulèvement. Quant aux Athéniens, ils ne témoignaient plus de dispositions hostiles. Ils envoyèrent une ambassade à Alexandre pour solliciter de lui diverses faveurs, particulièrement la liberté de leurs concitoyens faits prisonniers au Granique. Le roi leur accorda tout ce qu'ils avaient demandés.

Pendant son séjour à Tyr, il fit de magnifiques sacrifices aux dieux. Il y eut aussi de splendides représentations théâtrales. Dans les tragédies que l'on joua, les rois de Chypre voulurent faire les chorèges, et rivalisèrent à qui s'acquitterait de cette fonction avec le plus d'éclat. Nicocréon, roi de Salamine, eut pour acteur Thessalus, et Pasicrate, roi de Soles, eut Athénodore. Alexandre préférait Thessalus, cependant Athénodore eut le prix. Le roi respecta la sentence des juges, mais il dit qu'il aurait volontiers donné une part de sa royauté pour ne pas voir Thessalus vaincu.

# CHAPITRE VII.



Dans l'été de 331, l'armée macédonienne, renforcée, se porta vers Thapsaque, sur l'Euphrate. Deux ponts y furent préparés pour son passage, sans que l'ennemi songeât à troubler les travaux. Mazæus, satrape de Babylone, et détaché de la grande armée de Darius, avec 3,000 cavaliers, pour surveiller les bords du fleuve, s'enfuit à l'approche d'Alexandre. Les Macédoniens passèrent sans obstacle l'Euphrate à Thapsaque, au mois de juillet.

Alexandre ne descendit pas dans la direction de Babylone. Le pays, pour arriver à cette ville, offrait de vastes espaces stériles, où les vivres auraient manqué aux hommes et les fourrages aux chevaux. Il aima mieux remonter au nord de la Mésopotamie, dans la direction des montagnes de l'Arménie, où, dans ces mois d'été, son armée se trouverait mieux que dans les plaines brûlantes du midi.

Sa marche fut prudente. Le sort de l'Asie allait se décider dans la prochaine rencontre; il entendait livrer cette bataille avec son armée intacte. En approchant du Tigre, il apprit que Darius était campé derrière le fleuve, avec une immense armée, pour lui en disputer le passage. Le Tigre, roulant très rapide, sur des blocs de pierre arrondis, est par lui-même très difficile à traverser, et le passage devient presque impossible en face d'un ennemi résolu. Alexandre n'eut pas cet embarras; l'information se trouva fort exagérée. Darius, avec son énorme armée, campait loin de l'endroit où Alexandre atteignit l'impétueuse rivière; Mazæus lui-même ne parut pas, et Alexandre traversa le Tigre « difficilement, dit Arrien, à cause de la rapidité du courant, mais sans aucune opposition. »

Après ce passage fatigant, l'armée se reposa pendant deux jours. Dans la soirée du second, une éclipse de lune eut lieu. Les astronomes modernes ont calculé qu'il y eut, en effet, une éclipse de lune totale le 20 septembre 331, à 7 h. 1/2 du soir. Les Macédoniens s'effrayèrent d'abord de ce phénomène; mais le devin Aristandre trouva heureusement que le soleil était pour les Grecs, la lune pour les Perses, et que chaque fois qu'elle s'éclipsait elle les menaçait de quelque calamité, ce qui rassura l'armée. Elle continua sa marche le lendemain, s'avançant au sud-est, à travers les plaines de l'Aturie, avec le Tigre à droite et les montagnes de la Gordyène à gauche; elle ne rencontra que quelque cavalerie, qui s'enfuit à son approche.

Dans cette marche, mourut la femme de Darius, captive depuis la bataille d'Issus. Alexandre se montra fort sensible à cette perte, et fit ensevelir Statira avec les honneurs royaux. C'était généreux sans doute, mais il eût été encore plus généreux de laisser ces malheureuses princesses dans quelque ville de Syrie, au lieu de les traîner à sa suite, en les exposant aux fatigues de ces longues marches. Mais c'étaient des otages fort précieux, dont il ne voulait pas se séparer, jusqu'à ce que le sort des combats eût prononcé définitivement entre Darius et lui. C'est l'opinion d'un historien moderne très judicieux, M. Grote.

Darius avait établi son quartier général à Arbèles, ville importante, qui existe encore (Erbil), à dix ou onze lieues environ au sud d'un affluent du Tigre, le Lycus (grand Zab). Là étaient rassemblés les contingents de son vaste empire, de l'Indus à l'Euphrate. Les provinces les plus orientales, Sogdiane, Bactriane, avaient fourni les leurs, avec des Indiens et des auxiliaires scythes. On y voyait des Ariens, des Parthes, des Hyrcaniens. Les Mèdes et les Perses formaient la principale partie de l'armée. Il était venu des soldats de la Babylonie, de la Cappadoce, de l'Arménie, etc. Cette armée, si ce rassemblement mérite le nom d'armée, s'élevait, dit-on, à un million d'hommes; elle comptait 40,000 cavaliers, et des mercenaires grecs, en bien moins grand nombre qu'à Issus.

Le roi des Perses était persuadé que s'il avait été vaincu dans la précédente rencontre, c'était pour avoir

Fig. 27. — Bataille d'Arbèles; monument consacré à la divinité d'Alexandre. Relief en marbre découvert en Italie et connu sous le nom de *Relief Chigi.*

combattu dans un pays de montagnes; aussi était-il résolu, cette fois, à se battre en plaine. En apprenant le passage du Tigre par les Macédoniens, il quitta Arbèles pour se porter dans la plaine de Gaugamèle, à quinze ou seize lieues au nord-ouest d'Arbèles; aux deux tiers du chemin se trouvait le Lycus, et il lui fallut plusieurs jours pour le faire passer sur un point à ses troupes. Gaugamèle était un petit bourg dont le nom, suivant Plutarque, signifiait, dans la langue persane, *maison du chameau*.

Dans cette plaine choisie à dessein, et où quelques accidents de terrain avaient été même aplanis, Darius disposa son armée. Il se plaça au centre avec ses meilleurs soldats : les cavaliers-gardes perses appelés les *Cousins du roi,* les fantassins-gardes portant des piques avec des pommes d'or au gros bout, les Cariens, les Mardes renommés comme archers, et les mercenaires grecs. A gauche : les Bactriens (à l'extrême gauche), sous le satrape Bessus, les Dahes et les Arachosiens, sous Barsaentès, satrape d'Arachosie; les Perses, cavaliers et fantassins, les Susiens sous Oxathrès. A droite : les Syriens des deux rives de l'Euphrate, sous Mazæus (extrême droite); les Mèdes, sous Atropatès, les Parthes, Saces, Tapuriens, Hyrcaniens, tous cavaliers, sous Phrataphernes. En seconde ligne, venaient les Babyloniens, les Uxiens, d'autres peuplades. Sur le front, un peu en avant, étaient postés à gauche des cavaliers bactriens et scythes, avec cent chars de guerre, armés de faux ; à droite, des cavaliers arméniens et cappadociens avec cinquante

chars; cinquante autres chars étaient devant le centre.
Il y avait aussi dans le camp de Darius quinze éléphants,
mais ils ne figurèrent pas dans le combat. Dans la plaine
où était rangée l'armée de Darius, coulait un ruisseau, le
Boumôdus.

Alexandre, en avançant, apprit de quelques prisonniers
perses que Darius était à peu de distance de là, à 60
stades (ou 11 kilomètres). Quelques collines séparaient
les deux armées et les empêchaient de se voir. Il fortifia
son camp d'un fossé et d'une palissade, et y arrêta ses
soldats pendant quatre jours pour les y reposer. Il en
partit dans la nuit qui suivit le quatrième jour, en y
laissant ses prisonniers et ses bagages. Son dessein était
de livrer bataille aux Perses au point du jour; mais sa
marche fut lente, et les premières heures du jour étaient
déjà passées, lorsqu'il arriva en vue de l'ennemi, à 30
stades de distance. Là, il tint conseil avec ses lieutenants
pour savoir s'il engagerait immédiatement le combat, ou
s'il remettrait au lendemain. Parménion proposa de remettre, et, quoique son avis ne fût pas celui de la majo-
rité, Alexandre s'y rangea. L'armée, qui marchait en
ordre de bataille, conserva sa disposition, mais elle se
couvrit de quelques travaux, qui formèrent un camp. Le
roi y fit amener les bagages et les prisonniers restés dans
le camp précédent, et laissa ses troupes se reposer. Les
Perses, inquiets de se voir si près des Macédoniens, demeurèrent rangés en bataille tout ce jour et toute la
nuit suivante.

Alexandre avait passé une partie de la journée à parcourir, à examiner, escorté par l'escadron royal, la plaine destinée à être le champ de bataille. Quand il rentra dans sa tente, Parménion et Polysperchon vinrent lui proposer une attaque de nuit contre les Perses. Il s'y refusa, disant qu'il ne voulait pas voler la victoire; et après avoir adressé à ses lieutenants de fermes paroles, pleines d'un juste espoir, il les envoya prendre du repos. Lui-même, dit-on, pensant à la gravité de la bataille, qui allait s'engager dans quelques heures, eut de la peine à s'endormir; enfin, la fatigue physique l'emporta et il tomba dans un profond sommeil. Le jour était levé, Alexandre dormait encore. Comme toutes les dispositions avaient été prises la veille, et que les troupes étaient placées dans l'ordre où elles devaient combattre, le sommeil du chef n'avait pas d'inconvénients : les généraux firent déjeuner leurs soldats. Alexandre ne paraissant toujours pas, Parménion entra dans sa tente et, non sans peine, l'éveilla. Ce sommeil d'Alexandre est célèbre; il a donné lieu à de beaux effets d'éloquence. Quoique Arrien n'en fasse pas mention, on peut y croire.

L'armée macédonienne, forte de 40,000 fantassins et de 7,000 cavaliers, sortit du camp et vint se disposer dans la plaine. A droite se placèrent les huit escadrons de la cavalerie des hétaires, sous les ordres de Philotas, et en tête l'escadron royal commandé par Clitus. Après la cavalerie, de droite à gauche, venaient les hypaspistes, à commencer par le bataillon d'élite (agêma) : un autre fils de Parménion, Nicanor, les conduisait; puis, les six divisions de la phalange, commandées par Cœnus, Perdiccas, Méléagre, Polysperchon, Simmias (en l'absence d'Amyntas) et Cratère. Les divisions de Simmias et de Cratère formaient la gauche, avec l'infanterie alliée, la cavalerie grecque alliée et la cavalerie thessalienne; toute cette gauche était sous les ordres de Parménion.

Derrière cette première ligne, pour se prémunir contre les attaques de flanc et en arrière, auxquelles l'exposait le grand nombre des ennemis, Alexandre forma comme une ligne brisée, composée, à droite, des sarissophores (lanciers), de la moitié des Agrianes, des archers macédoniens, des mercenaires vétérans; à gauche, de divers corps de cavalerie alliée; les fantassins thraces gardaient les bagages.

Sur le front de la première ligne, en avant, étaient jetées quelques troupes légères, des Agrianes, les Péoniens sous Arétès, des cavaliers grecs mercenaires sous Ménidas. Alexandre, comme d'habitude, conduisait la droite.

En mettant ses troupes en mouvement, Alexandre leur donna une direction un peu oblique, de manière à gagner du terrain sur la gauche des Perses. Darius, craignant alors que l'ennemi ne dépassât l'espace aplani qui lui semblait si avantageux pour lancer ses chars, ordonna aux escadrons des Bactriens et des Scythes de se porter sur le flanc droit des Macédoniens. Alexandre leur opposa les escadrons de Ménidas. Un combat assez vif s'engagea, où les Perses finirent par avoir le dessous. Bessus, voyant les cavaliers bactriens maltraités, vint à leur secours avec toutes ses forces, laissant un vide dangereux dans la ligne perse.

Tandis que cette rude escarmouche continuait entre les cavaliers grecs et les cavaliers bactriens, Darius fit lancer ses chars armés de faux, sur lesquels il comptait tant : ils ne produisirent presque aucun effet. Les troupes légères qu'Alexandre avait réparties sur son front, très habiles à lancer des traits, blessèrent, tuèrent chevaux et conducteurs ; peu de chars arrivèrent jusqu'à la phalange, qui ouvrit ses rangs pour les laisser passer, et ensuite les détruisit sans éprouver presque aucun dommage.

Alors, Alexandre ordonna à son infanterie, jusque-là silencieuse, de marcher à l'ennemi, en poussant le terrible cri de guerre des Macédoniens. Lui-même, laissant Arétès et ses Péoniens repousser les Bactriens, se lança impétueusement avec sa cavalerie dans le vide produit par le mouvement de Bessus, entre la gauche et le centre des Perses, et fondit sur les troupes massées autour de Darius. Le malheureux monarque avait vu l'échec de ses cavaliers, il avait vu l'échec plus grave de ses chars, il voyait la phalange hérissée de ses longues piques se ruer sur sa ligne, il voyait les terribles escadrons des hétaires, leur roi en tête, se frayer jusqu'à lui un sanglant chemin, à travers ses fantassins et ses cavaliers, rompus, renversés, écrasés par cet ouragan de fer, et quoique ses cavaliers et ses Grecs se battissent bien, quoique ses Perses fussent prêts à mourir pour lui, il n'osa pas attendre son formidable rival, et, faisant tourner son char, il donna le signal de la fuite.

Les corps placés près de lui le suivirent. Ce mouvement de terreur se communiqua à toute sa gauche, et surtout aux masses de troupes laissées sans emploi derrière lui. Alexandre les poursuivit, à travers les flots de poussière dans lesquels roulait ce torrent de fugitifs, avec chevaux, voitures, sur la route d'Arbèles.

Fig. 28 et 29. — Rois parthes ; exemples des coiffures efféminées
en usage chez les Mèdes et les Perses.

Dans cette indescriptible confusion, Darius ne lui aurait probablement pas échappé, si de graves nouvelles de sa gauche ne l'avaient obligé de suspendre sa poursuite. Mazæus, qui commandait à la droite des Perses, s'était porté avec sa cavalerie sur la cavalerie de Parménion, et, après un combat disputé, l'avait forcée de plier. Le flanc gauche des Macédoniens se trouvait en danger. Parménion fit demander des secours à Alexandre, et appela à lui les deux divisions de la phalange de Simmias et de Cratère. Les quatre autres divisions qui avaient suivi le mouvement en avant se trouvèrent séparées des divisions de gauche par un espace considérable. Par ce vide, une grosse troupe de cavaliers perses et indiens se précipita, arriva jusqu'au camp macédonien, en refoula les gardiens, et, aidée des prisonniers perses, se mit à piller les bagages. Des cavaliers perses arrivèrent jusqu'à la famille de Darius, lui annonçant leur victoire et lui offrant une chance imprévue de liberté. Sisygambis resta immobile, attendant l'événement et peut-être sans espoir. Les troupes légères, que l'irruption de la cavalerie ennemie avaient prises au dépourvu, se rallièrent et parvinrent à chasser les Perses. Quant à Parménion, le danger était déjà passé pour lui quand Alexandre accourait à son aide.

Au milieu de son action victorieuse sur la gauche macédonienne, Mazæus avait appris la déroute de l'aile gauche des Perses et la fuite de Darius; il s'était arrêté. Parménion avait mis ce temps de répit à profit pour ramener sa cavalerie au combat. Les Thessaliens prirent une brillante revanche de leur précédent échec; la droite des Perses plia à son tour et s'enfuit.

Cependant, Alexandre, ignorant ces derniers événements, retraversait le champ de bataille. Il rencontra une troupe de cavaliers perses et parthes qui se retiraient en ordre. Ne pouvant se sauver qu'en se frayant un passage à travers les Macédoniens, ces cavaliers les attaquèrent corps à corps, avec une vigueur inspirée par le désespoir. Ce fut pour Alexandre le moment le plus dangereux de la journée; il eut soixante de ses cavaliers tués et beaucoup de blessés, parmi lesquels Héphestion, Ménidas. A la fin, les Perses furent défaits, mais il s'en échappa un assez grand nombre.

Là, Alexandre apprit que son camp était débarrassé des pillards ennemis, et que sa gauche était victorieuse. Il reforma ses escadrons, et reprit la poursuite des fuyards dans la direction du Lycus. Parménion s'empara du camp des Perses, avec ses richesses, ses bagages, ses éléphants, ses chameaux. Alexandre, poussant devant lui, dans un inexprimable désordre, les vaincus, qui laissaient aux mains des soldats macédoniens d'innombrables prisonniers, atteignit le Lycus, et le traversa sur le pont que Darius n'avait pas fait couper pour ne pas fermer la retraite à ses soldats fugitifs.

La nuit était venue. La cavalerie macédonienne, harassée de fatigue, fit halte. Après avoir donné aux chevaux et aux hommes quelques heures de repos, le roi repartit vers le milieu de la nuit, et se porta sur Arbèles à toute vitesse, espérant y prendre Darius. L'infortuné prince avait été encore plus rapide dans la fuite que le vainqueur dans la poursuite. Il n'avait fait que traverser Arbèles, y laissant son char, son bouclier, son arc, ses trésors, et s'était enfui vers la Médie par le chemin des montagnes. Les Bactriens, quelques troupes des gardes, et 2,000 mercenaires grecs l'accompagnaient. Alexandre arriva dans la journée à Arbèles et y fit un grand butin, mais Darius lui avait échappé.

On varie sur le chiffre des morts, du côté des Perses,

entre 90,000 et 300,000. Quel que soit le véritable nombre, l'armée perse fut détruite ou dispersée et ne se reforma plus. On ne varie pas moins sur le chiffre des morts du côté des Macédoniens : Arrien ne donne que 100 morts, ce qui est tout à fait invraisemblable ; le nombre de 500 donné par Diodore paraît plus croyable.

Cette mémorable bataille, qui porte le nom d'Arbèles, quoiqu'elle se soit livrée à 15 lieues de cette ville, mit fin à l'empire des Perses, fondé par Cyrus deux siècles plus tôt. Elle se donna dans le mois d'octobre (probablement le 1er) 331 avant J.-C., deux ans après la bataille d'Issus, trois ans et demi après la bataille du Granique, cinq ans après l'avènement d'Alexandre.

# CHAPITRE VIII.



La victoire d'Arbèles avait prononcé. Le roi des Macédoniens était le roi légitime de l'Asie. Il se dirigea au sud pour prendre possession des grandes provinces de son empire. Mazæus, qui, après la bataille d'Arbèles, s'était retiré dans son gouvernement, se montrait prêt à livrer au vainqueur la satrapie et la ville de Babylone. On supposait qu'Abulites, satrape de la Susiane, était dans les mêmes dispositions. Alexandre envoya Philoxène pour occuper la ville de Suse; lui-même s'avança sur Babylone, à travers ce riche pays de l'Assyrie dont les soldats admiraient les merveilles. A son approche, Mazæus vint au-devant de lui avec ses enfants, lui apportant les clefs de la ville. Bagophanes, gouverneur de la citadelle et gardien du trésor, fit joncher le chemin de fleurs, et dresser des deux côtés des autels d'argent, sur lesquels fumaient l'encens et les parfums exquis; il venait lui-même avec les trésors qu'il devait offrir au roi, des chevaux, des animaux rares, et jusqu'à des lions et des panthères qu'on portait dans leurs cages. Les mages, les prêtres chaldéens s'avançaient ensuite. La cavalerie babylonienne, magnifiquement harnachée, fermait la marche. Ce splendide cortège venait recevoir son roi. La population se pressait des deux côtés de la route et sur les murailles. Au milieu de cette pompe triomphale, l'armée macédonienne entra dans cette ville dont elle avait entendu raconter tant de choses étonnantes : ce fut un prodigieux spectacle.

Le roi traita les Babyloniens comme des sujets dont il voulait gagner et récompenser l'attachement. Il montra surtout un grand respect pour la religion chaldéenne, que les Perses n'avaient pas toujours ménagée. Il fit des sacrifices solennels à Bélus, et ordonna de rebâtir le temple de ce dieu, et d'autres temples détruits par Xerxès. Quoiqu'il payât bien son armée, il n'avait pas besoin pour cela de peser sur la population : les trésors accumulés par les grands rois pendant deux siècles, et qu'ils semblaient avoir réservés pour le conquérant, lui fournissaient d'inépuisables ressources. La somme recueillie dans le trésor de Babylone lui permit de faire une libéralité à ses soldats : chaque cavalier macédonien reçut 600 drachmes (558 fr.), les cavaliers étrangers 500 drachmes, les fantassins macédoniens 200 drachmes, les fantassins étrangers un peu moins.

Alexandre confirma Mazæus dans la satrapie de Babylone, en laissant près de lui Apollodore d'Amphipolis, pour commander les troupes, et Asclépiodore, pour percevoir les impôts. Mithrinès, qui, en lui livrant la citadelle de Sardes, avait donné le signal des défections, reçut la satrapie d'Arménie.

Après être resté un mois à Babylone, il s'avança sur Suse, par une belle route, à travers un pays riche, abondamment pourvu de tout. Il rencontra en chemin le fils du satrape Abulites, qui lui annonça, de la part de son père, que Suse était à sa disposition. Une lettre de Philoxène lui apprit qu'en effet la ville avait été ouverte aux Macédoniens, et qu'on avait sauvegardé les richesses qu'elle contenait. La marche dura vingt jours. Alexandre prit donc possession de cette autre capitale de la Perse et de son trésor, qui s'élevait, en lingots d'or et d'argent, à la somme de 50,000 talents (279,000,000 fr.).

Les écrivains grecs parlent souvent de cette capitale des grands rois. C'est là qu'Eschyle a placé la scène de sa tragédie des *Perses*. Elle était située entre le Choaspès (Kerkhah), à l'ouest, et l'Euléus ou Pasitigris (Karoun), à l'est, les deux fleuves dont l'eau était si bonne à boire que les rois de Perse n'en buvaient pas d'autre ; quelque part qu'ils allassent, on en portait toujours à leur suite dans des vases d'argent, après l'avoir mise sur le feu.

Outre les trésors et une multitude d'étoffes, d'objets précieux, on y trouva des curiosités que Xerxès avait emportées de la Grèce, entre autres les statues d'airain d'Harmodius et d'Aristogiton, ces meurtriers d'Hipparque, fils de Pisistrate, que les Athéniens vénéraient comme les auteurs de leur liberté. Alexandre les renvoya à

Athènes, où elles se voyaient encore du temps d'Arrien.

Amyntas, fils d'Andromènes, envoyé en Macédoine pour rassembler des renforts, arriva amenant 6,000 fantassins et 500 cavaliers macédoniens, 600 cavaliers thraces avec 3,500 fantassins de la même nation; 4,000 fantassins mercenaires venus du Péloponnèse, avec 380 cavaliers. Le même Amyntas lui amenait cinquante jeunes gens des premières familles de Macédoine, pour être attachés à sa personne. Nous avons déjà parlé de ces pages qui servaient le roi à table, lui présentaient ses chevaux à l'armée, le suivaient à la chasse, veillaient tour à tour à la porte de sa chambre; c'était comme le premier degré pour monter aux charges de généraux d'armée et de gouverneurs de province.

Alexandre fondit cet important renfort dans ses troupes; certains corps furent doublés. En étendant ses conquêtes sur plus de pays, il devait augmenter son armée, et en l'augmentant il en devait modifier l'organisation. Ménès fut envoyé comme satrape de la Syrie, de la Phénicie et de la Cilicie; il emporta avec lui 3,000 talents (16,740,000 fr.), pour fournir à Antipater l'argent nécessaire à une guerre alors imminente avec les Lacédémoniens.

Après la Susiane, vient, au sud-est, la Perse propre, qui en est séparée par des montagnes. Là se trouvait la ville que les Grecs appelaient Persépolis, siège antique, un peu délaissé, mais vénéré, de la puissance des Perses, et, non loin de Persépolis, la ville encore plus ancienne de

Fig. 30. — Entrée d'Alexandre dans Babylone, d'après Le Brun; musée du Louvre.

Pasargades, où se voyait le tombeau de Cyrus. Avant d'entreprendre cette nouvelle conquête, Alexandre régla rapidement l'administration de la Susiane. Abulites en resta le satrape; Mazarus, du corps des hétaires, fut nommé gouverneur de la citadelle de Suse, et Archélaüs, commandant des troupes laissées à la garde de ce pays. La mère et les enfants de Darius demeurèrent à Suse. Le conquérant était toujours plein de respect, d'égards et de prévenances pour cette malheureuse famille.

Alexandre quitta Suse vers la fin de janvier 330, s'avança vers le Pasitigris, qu'il franchit, et pénétra dans la région habitée par les Uxiens. Ces belliqueux montagnards étaient si imparfaitement soumis aux rois de Perse qu'ils en exigeaient et recevaient un tribut, chaque fois que ceux-ci passaient par leur pays. Ils demandèrent le même tribut à Alexandre. Le roi les engagea à venir le percevoir, puis avec une partie de l'armée, par les sentiers des montagnes, il se jeta à l'improviste sur les villages des Uxiens, qui n'eurent plus qu'à se rendre. L'intervention de Sisygambis préserva cette population d'un traitement rigoureux.

Après la soumission des Uxiens, il restait à traverser le massif montagneux qui fait comme un rempart à la plaine de Persépolis. Le passage qui conduit dans cette plaine, les Portes de Perse, le défilé appelé aujourd'hui Kala-i-Sifid, était gardé par le satrape Ariobarzanes avec 40,000 fantassins et 700 cavaliers. Alexandre laissa la cavalerie thessalienne, les alliés avec les bagages, suivre la route carrossable, sous les ordres de Parménion ; pour lui, avec l'infanterie macédonienne, la cavalerie des hétaires, et quelques corps armés à la légère, il s'avança par les montagnes. Arrivé devant le passage, il le trouva de l'abord le plus difficile et soigneusement gardé par Ariobarzanes. Ses efforts pour s'en emparer furent inutiles ; il fallut se retirer après avoir fait des pertes sensibles.

Le roi se voyait arrêté devant un obstacle en apparence insurmontable, à moins d'un long détour, qui aurait exigé beaucoup de jours. Il se trouvait dans un pénible embarras, lorsqu'on lui amena un prisonnier qui parlait grec. C'était un Lycien, pris anciennement par les Perses, mené par eux dans cette région lointaine, et qu'une chance singulière faisait tomber maintenant aux mains des Macédoniens. Le Lycien, interrogé par Alexandre, dit qu'il y avait un chemin menant au sommet de la montagne, qui n'était connu et pratiqué que par les pâtres du pays. Il offrit, du reste, d'y guider les Macédoniens s'ils osaient tenter l'entreprise. Le roi, suivant son habitude de prendre toujours pour lui les missions les plus ardues et les plus périlleuses, se chargea de celleci. Il laissa Cratère, avec le gros de l'armée, en face du défilé, lui commandant de faire allumer quantité de feux pour persuader aux barbares que toute l'armée campait là. Lui, cependant, avec les troupes d'élite, se mit en chemin dans la nuit, guidé par le Lycien. On devine les difficultés d'une marche pareille, en pays inconnu, dans

une montagne, au cœur de l'hiver, par des sentiers à
peine frayés et couverts de neige. Enfin, malgré tout,
on arriva au sommet, on redescendit, et on parut derrière les Perses, qui ne s'y attendaient pas. En même
temps, Cratère les attaquait de front. Les défenseurs
du défilé, assaillis de deux côtés, prirent peur et s'enfuirent, mais ils périrent en très grand nombre. Ariobarzanes, qui était parvenu à se faire jour à travers les
Macédoniens, fut atteint peu de temps après, défait
et tué. Alexandre était maître de la plaine de Persépolis.

« Au pied de ces montagnes se déploie une campagne
large et spacieuse, très fertile et remplie de villes et de
villages. L'Araxe, enflé de plusieurs torrents, la fend par
le milieu pour s'aller joindre au Médus, et le Médus, plus
petit que celui qu'il reçoit, se va rendre dans la mer, du
côté du midi. Ce fleuve pare de fleurs toutes ses rives,
et fait croître l'herbe épaisse et haute dans les campagnes qu'il arrose; ses bords sont couverts, des deux côtés,
de platanes et de peupliers, tellement qu'il semble, à les
voir de loin, qu'ils ne font qu'une même forêt avec les
montagnes voisines, parce que ce fleuve ainsi ombragé
d'arbres, coule dans un lit étroit et profond, et les collines
qui le bordent sont aussi revêtues d'une agréable verdure. C'est le lieu de l'Asie le plus sain, et où l'air est
le plus tempéré, car on a d'un côté cette longue étendue
de montagnes toutes couvertes de bois, qui par la fraî-
cheur de leur ombrage modèrent l'ardeur du soleil, et,

de l'autre, on a la mer, dont les vapeurs tièdes échauffent doucement la terre. » (Quinte-Curce.)

Sur sa route, le roi reçut des lettres de Tiridates, gouverneur de Persépolis. Celui-ci lui mandait que les habitants, sur le bruit de sa venue, voulaient piller le trésor royal dont il avait la garde, et qu'il se hâtât pour s'en saisir. Alexandre n'avait pas besoin qu'on l'invitât à la diligence; il se porta rapidement sur Persépolis avec sa cavalerie.

Comme il approchait de la ville, il vit paraître une grande troupe : c'étaient environ huit cents Grecs, prisonniers depuis longtemps, sur qui les Perses avaient exercé leur cruauté par diverses sortes de supplices. Aux uns ils avaient coupé les mains, aux autres les pieds, aux autres le nez et les oreilles, puis, leur ayant imprimé sur le visage, avec le feu, des caractères barbares, ils les avaient gardés pour objets de risée. Ces malheureux venaient au-devant du roi, implorant sa pitié. Alexandre, en les voyant dans ce misérable état, ne put retenir ses larmes. Il les exhorta d'avoir bon courage, les assurant qu'ils reverraient encore leur patrie et leurs familles. Mais ils ne purent se décider, dans l'état où les avait mis la cruauté des Perses, à revenir en Grèce. Le roi s'occupa avec sollicitude de leur bien-être; il leur fit donner à chacun 3,000 drachmes (2,790 fr.), des habits, une terre, des bœufs, du blé; à son départ, il recommanda au gouverneur de la province d'avoir soin d'eux et les exempta de tout tribut.

Le spectacle de leurs compatriotes ainsi mutilés n'était pas fait pour disposer les Macédoniens à la bienveillance. Quand ils furent entrés dans la ville, ils se mirent à la saccager, et Alexandre ne les en empêcha pas d'abord. Il prit et mit sous bonne garde le trésor royal, qui était bien plus considérable encore qu'à Suse, puisqu'il s'élevait, si l'on en croit Diodore et Quinte-Curce, à la somme de 120,000 talents (669,600,000 fr.). Pasargades fut occupée peu après ; on y trouva 6,000 talents (33,480,000 fr.).

Contrairement à sa politique ordinaire, et par une sorte de patriotisme hellénique, Alexandre voulut frapper la ville d'où sortait la puissance qui avait asservi les colonies grecques de l'Asie Mineure, envahi la Grèce, incendié Athènes : il fit mettre le feu au palais des rois de Perse. Sur cet événement, comme sur tant d'autres de la vie du conquérant, les récits sont contradictoires. On ne sait si ce fut à son entrée, ou en quittant la ville après un séjour de plusieurs mois, si ce fut après une délibération avec ses généraux, et malgré l'avis de Parménion, ou dans l'ivresse d'un festin.

D'après Plutarque, dont nous suivons ici le récit, Alexandre célébrait, dans un banquet, son départ pour l'expédition de Médie. Parmi les convives se trouvait la courtisane Thaïs, née dans l'Attique. Pendant le repas, elle loua délicatement Alexandre, mêlant quelques plaisanteries à ses éloges. Vers la fin, le vin échauffant les têtes, elle dit qu'elle était bien récompensée des fatigues

que lui avaient causées ses voyages en Asie par le plaisir
de prendre part à cette fête dans le superbe palais des
Perses, mais qu'il lui serait encore plus doux d'incendier,
au sortir du festin, la maison de Xerxès, qui avait brûlé
Athènes ; allumant elle-même le feu à la vue du roi, afin
qu'il fût dit parmi les hommes que des femmes avaient
su mieux venger l'Hellade des Perses que tous ces fameux généraux de terre et de mer. Les convives applau-
dissent bruyamment à ces discours. Le roi se lève de
table, une couronne de fleurs sur la tête, et s'avance un
flambeau à la main ; toute la troupe le suit en cortège et
avec des cris, et fait le tour du palais en y jetant le feu,
bientôt jointe par d'autres Macédoniens, qui accourent
joyeusement à l'œuvre avec des torches.

« Les uns, ajoute Plutarque, racontent que les choses
se passèrent ainsi ; les autres, qu'il agit de dessein pré-
médité ; tous s'accordent à dire qu'il s'en repentit promptement et ordonna d'éteindre l'incendie. » Alexandre ne
détruisit pas Persépolis, mais l'occupation macédonienne
fut certainement funeste à la ville, que les rois de Perse
avaient eux-mêmes presque négligée pour Suse ; elle
subsista, mais elle alla toujours en dépérissant. Aujour-
d'hui, d'immenses ruines à Tchil-Minar signalent la
place où fut l'antique capitale des Perses. L'armée se
reposa à Persépolis jusqu'au printemps. Le roi, avec
quelques troupes, fit de rapides excursions, qui achevè-
rent la soumission du pays.

Au printemps de l'année 330 avant J.-C., Alexandre,

laissant à Persépolis une garnison de 3,000 Macédoniens
et à Tiridates le titre de satrape de Perse, dirigea son
armée sur la Médie où Darius s'était retiré. Ce prince
avait passé l'hiver à Ecbatane (Hamadan), gardant encore l'appareil de la royauté, entouré de quelques grands
seigneurs perses, et conservant quelques troupes, qui appartenaient surtout aux pro-vinces orientales de l'empire, à la Bactriane
dont le satrape, Bes-sus, ne l'avait pas quit-té ; les mercenaires
grecs, au nombre de 2,000, restaient aussi auprès de lui et étaient
les plus fidèles de ses soldats.

Fig. 31. — Bas-relief de la salle des Trônes,
à Persépolis.

Darius espérait quel-quefois que le conqué-rant se contenterait de posséder les trois capitales du sud,
Babylone, Suse et Persépolis : dans ce cas, il resterait lui-
même en Médie. Si Alexandre le poursuivait dans cette
province, il se retirerait dans la contrée des Parthes, dans
l'Hyrcanie, dans la Bactriane, dévastant le pays, à mesure qu'il reculerait, de manière à embarrasser la marche
du conquérant. En apprenant que celui-ci avait quitté

Persépolis et pris la direction du nord, il envoya au delà des Portes Caspiennes ses femmes, ses voitures; lui-même attendit à Ecbatane jusqu'à ce qu'il fût mieux renseigné sur l'approche d'Alexandre.

Le roi s'avançait par le pays des Parétaces, qu'il soumit en passant, et dont il confia la satrapie à Oxathrès, fils d'Abulites. Là, il fut informé que Darius, avec des forces dont on exagérait le nombre, gardait la Médie, attendant des alliés scythes et cadusiens. Il atteignit cette province en douze jours, et il apprit sur la frontière que Darius n'avait avec lui aucune force considérable, qu'il n'avait reçu ni Cadusiens ni Scythes, et qu'il songeait à s'enfuir. Il précipita alors sa marche; mais, arrivé à trois journées d'Ecbatane, il rencontra Bisthanès, fils d'Ochus, le prédécesseur de Darius, qui l'informa que ce dernier avait quitté Ecbatane depuis cinq jours, emportant le trésor de la Médie, 7,000 talents (39,060,000 fr.), et emmenant 6,000 hommes de pied et 3,000 cavaliers.

Les Macédoniens entrèrent sans résistance dans la capitale de la Médie. Alexandre s'y arrêta quelques jours, pour organiser la poursuite de Darius et l'invasion des provinces orientales de l'empire perse. Il prévoyait qu'il allait avoir à faire dans ces régions des campagnes difficiles, peut-être longues; il s'y préparait. Il venait de lui arriver un renfort de 6,000 mercenaires grecs; il renvoya chez eux les cavaliers thessaliens et les autres alliés qui servaient depuis le commencement de l'expédition (sauf ceux qui voulurent rester à son service). Il les récompensa libéralement; outre leur solde au complet, il répartit entre eux 2,000 talents (11,160,000 fr.), et prit des mesures pour qu'ils arrivassent sûrement à la mer et trouvassent là des vaisseaux qui les transporteraient en Grèce.

Cette libéralité, cette humanité devaient attirer à son service quantité de mercenaires et d'alliés. Il en avait besoin, parce que ses opérations s'étendaient toujours plus avant et qu'il avait de vastes pays à garder derrière lui. Dans cette nouvelle période de ses campagnes, Ecbatane devait être sa base d'opérations; il y rassembla les richesses prises dans les autres capitales de la Perse et qui s'élevaient au chiffre de 180,000 talents (1,004,400,000 fr.), somme vraiment prodigieuse dans l'antiquité. Il les plaça dans la citadelle, avec une garnison de 6,000 Macédoniens. Harpalus, déjà intendant du trésor royal, eut la garde de ces richesses. Ce personnage était un des Macédoniens qui avaient montré de l'attachement à Alexandre à l'époque de sa brouille avec son père; il avait même été banni pour cette cause. Alexandre lui en gardait un souvenir reconnaissant, et, quoiqu'il eût eu gravement à se plaindre de lui, au moins dans une occasion, il le mit dans un poste de confiance, dont la responsabilité était fort accrue par l'énormité des sommes placées sous la garde de l'intendant du trésor.

Ces soins pris, il commença son expédition. Parménion, avec les étrangers, les Thraces et la cavalerie, moins les

hétaires, dut, par le pays des Cadusiens, s'avancer dans
l'Hyrcanie. Alexandre, avec les hétaires, les éclaireurs,
les cavaliers mercenaires, les Agrianes, les fantassins
macédoniens, moins les 6,000 laissés à Ecbatane et
que Clitus, resté malade à Suse, devait lui amener plus
tard, poursuivit Darius. Dans cette région montagneuse,
au sud de la mer Caspienne, la route était fatigante, et
Alexandre se hâtait, car il tenait à prendre Darius. Beaucoup de soldats restaient en arrière, beaucoup de chevaux mouraient; il poussait toujours, dans l'espoir de
devancer Darius aux Portes Caspiennes. Ce prince, de
son côté, hâtait sa fuite dans cette même région de montagnes, le Mazanderan de la Perse moderne, dont les
Portes Caspiennes (les montagnes d'Elburz) forment la
partie la plus difficile. Les désertions diminuaient chaque
jour le nombre de ceux qui l'accompagnaient, et parmi
ceux qui restaient, la trahison était à l'œuvre. Nabarzanes, commandant de la cavalerie perse, et Bessus,
satrape des Bactriens, avaient résolu de l'arrêter. Leur
dessein était, s'ils se voyaient atteints par Alexandre,
de se racheter en lui livrant Darius vivant, ou, s'ils
échappaient, de se jeter dans la Bactriane et d'y continuer la guerre. Les mercenaires grecs lui restaient fidèles; ils auraient voulu qu'il vînt s'établir au milieu de
leur petite troupe. Darius n'osait pas donner aux Perses
cette marque d'injurieuse défiance, de peur de provoquer
immédiatement et de justifier leur soulèvement. Un
vieux seigneur perse, Artabaze, était également fidèle

au roi, mais il ne disposait que de quelques hommes ; les forces étaient aux mains de Nabarzanes et de Bessus. Le prince fuyait, menacé de tous les côtés.

Le onzième jour, Alexandre arriva à Rhagès (Ray, près de Téhéran) ; il n'était plus, au train dont il allait, qu'à une journée des Portes Caspiennes ; mais Darius les avait franchies. Avant de s'y engager, Alexandre dut régler quelques affaires militaires et d'administration, et aussi remettre de l'ordre dans son armée. Il resta cinq jours à Rhagès. Il en repartit, après avoir donné la satrapie de Médie au Perse Oxodatès, qu'il avait trouvé à Suse, prisonnier par l'ordre de Darius, traversa les Portes Caspiennes et arriva à l'entrée du désert de Parthie. Là, il vit venir à lui, du camp de Darius, le Babylonien Bagistanès et Antibélus, un des fils de Mazæus. Ils lui apprirent que Nabarzanes, Bessus et Barsaentès, satrape de l'Arachosie et de la Drangiane, avaient arrêté Darius et qu'ils l'emmenaient enchaîné. A cette nouvelle, Alexandre ne prit avec lui que les hétaires, les cavaliers éclaireurs, les fantassins les plus valides et les plus légers, et, laissant le reste des troupes à Cratère, il se lança sur la trace des fugitifs. Ses soldats n'avaient que leurs armes et deux jours de vivres. Il courut toute la nuit et le jour suivant jusqu'à midi. Après avoir donné quelques heures de repos à ses troupes, il courut encore toute la nuit ; au jour, il arriva dans le campement d'où Bagistanès était venu. Pendant que ses soldats épuisés se reposaient, il interrogeait des Perses restés en arrière et apprenait les détails de la catastrophe de Darius. Tous les compagnons du prince s'étaient tournés contre lui, moins Artabaze et ses enfants et les mercenaires grecs. Ces hommes fidèles, ne pouvant rien empêcher, avaient quitté la grande route et s'étaient retirés dans les montagnes. Darius, arrêté dans le village de Thara, en Parthie, attaché de chaînes d'or, avait été enfermé dans une de ces grandes voitures de voyage appelées *armamaxes,* et on l'entraînait sur la route de la Bactriane. Bessus était le chef et donnait la direction aux autres.

Malgré l'extrême fatigue de ses hommes, augmentée par la chaleur, car on était au mois de juillet, Alexandre reprit sa course rapide. Il fit encore une longue traite cette nuit et dans la matinée suivante. Il arriva, vers le milieu du jour, dans un bourg où ceux qui menaient Darius avaient campé la veille. On lui dit que les fugitifs voulaient faire des marches de nuit. Il désespéra alors de les atteindre s'il ne parvenait pas à trouver un chemin plus court; on lui en indiqua un, mais qui traversait un désert sans eau. Il le prit avec ses cavaliers et 500 fantassins d'élite, qu'il mit sur des chevaux, dont il avait démonté les cavaliers, laissant le reste de ses troupes suivre le grand chemin. Il fit dans la nuit 400 stades (18 lieues, s'il s'agit de stades olympiques), et, le matin, il tomba au milieu du camp des Perses, complètement surpris par son apparition. La plupart s'enfuirent; quelques-uns essayèrent une résistance qui fut de courte durée. Bessus, Barsaentès, Nabarzanes, courant à la voi-

ture de Darius, le pressèrent de monter à cheval et de
fuir avec eux ; comme il s'y refusait, ils lancèrent sur lui
leurs javelines, et, le laissant percé de coups, mourant,
ils se sauvèrent dans diverses directions. Les Macédoniens firent beaucoup de prisonniers, mirent la main sur
beaucoup de bagages et de richesses ; mais dans aucune
des voitures dont ils s'emparèrent, ils ne trouvèrent Darius. Il semblait qu'il leur eût échappé encore.

Quelques moments plus tard, un soldat macédonien,
Polystrate, allant boire à une fontaine, à une certaine
distance de la route, vit dans un pli du terrain une voiture abandonnée que des chevaux blessés avaient traînée
jusque-là, et dans cette voiture un homme couvert de
sang et qui respirait à peine. Le mourant se fit connaître
à lui pour Darius et demanda à boire ; et, après avoir bu de
l'eau fraîche que lui apporta Polystrate : « Ami, dit-il, ce
m'est le comble de l'infortune, qu'ayant reçu ce bienfait
de toi, je ne puis pas te le rendre ; mais Alexandre t'en
donnera la récompense, et les dieux la donneront à Alexandre de tant d'humanité dont il a usé envers ma mère,
ma femme, mes enfants. Je lui donne la main par toi. »
En achevant ces paroles, il prit la main de Polystrate et
expira. Alexandre, informé, accourut ; il montra de la douleur devant le corps de Darius, et détacha son manteau
militaire pour l'en couvrir. Il le fit ensuite transporter en
Perse, avec l'ordre de l'ensevelir dans les tombes royales,
comme ses prédécesseurs.

Darius mourut dans le mois d'hécatombéon (juillet),

3e année de la 112e olympiade, 330 avant J.-C. Il avait été un rival bien faible d'Alexandre. Il n'avait montré ni talent ni courage dans les combats, mais il avait fait preuve d'humanité sur le trône. On ne peut refuser la pitié à ses malheurs.

# CHAPITRE IX.



Pendant que ces choses se passaient en Asie, il y eut
en Grèce un événement qui ne compte pas beaucoup
dans l'histoire du règne d'Alexandre. Le roi de Sparte,
Agis, n'avait jamais reconnu la suprématie de la Macédoine en Grèce. Il avait cherché des ennemis à cette
puissance en Perse ; puis, quand la Perse fut vaincue, il
ne désespéra pas, et, même après Arbèles, il osa réunir
des troupes et se mettre en campagne contre les Macédoniens et leurs alliés, au printemps de 330. Il trouva
des auxiliaires dans le Péloponnèse. Antipater était en ce
moment embarrassé par une révolte de Memnon, gouverneur de la Thrace. Étant parvenu à s'arranger avec
les Thraces, il accourut dans le Péloponnèse et remporta
sur Agis, près de Mégalopolis, en Arcadie, une victoire
très disputée, mais décisive, vers le mois de juin 330. Les
Spartiates luttèrent avec un courage digne de leurs ancêtres ; Agis, couvert de blessures et dédaignant de fuir,

mourut en combattant. Les Macédoniens furent vainqueurs, mais ils perdirent plus de monde qu'à Issus et à Arbèles. Plutarque rapporte qu'en apprenant cette bataille, Alexandre dit à ses généraux : « Il paraît que, pendant que nous vainquions Darius ici, il s'est livré là-bas, en Arcadie, une bataille de rats. » La postérité a qualifié autrement ce suprême effort de Sparte pour l'indépendance de la Grèce.

Alexandre, après la mort de Darius, rassembla ses troupes, fort dispersées par la rapidité de la poursuite ; elles séjournèrent à Hécatompylos, ville de la Parthie, située à l'est des Portes Caspiennes. Une libéralité, tirée du butin fait dans le camp de Darius, permit aux soldats d'oublier leurs fatigues. Il y eut de grandes réjouissances dans l'armée. Beaucoup s'imaginaient que leurs campagnes étaient finies par la mort de Darius et qu'ils n'avaient qu'à retourner chez eux. Alexandre, dans un fier langage, leur signifia qu'il n'en était pas ainsi ; qu'ils avaient encore des victoires à remporter, des pays à conquérir, et les remplit d'une ardeur guerrière. Après une apparition en Hyrcanie, où il semblait n'être venu que pour recevoir la soumission de Phrataphernes, satrape d'Hyrcanie, de Nabarzanes, un des meurtriers de Darius, du loyal Artabaze et d'autres Perses de distinction, il fut rapidement appelé à faire une courte et meurtrière campagne contre la tribu des Mardes, au sud des Portes Caspiennes ; puis, il revint en Hyrcanie. Les mercenaires grecs de Darius qui, dans sa précédente incursion, lui avaient fait des offres de soumission et avaient reçu avis qu'ils ne seraient reçus que s'ils se rendaient à discrétion, vinrent le trouver. Il mit en liberté tous ceux qui avaient pris du service en Perse avant que Philippe eût été nommé, à Corinthe, général des Grecs contre ce pays. Ceux qui étaient entrés au service après cette époque durent s'enrôler parmi les mercenaires grecs au service d'Alexandre, et reçurent la même paye. Les ambassadeurs de Sparte, trouvés dans le camp des mercenaires, furent retenus prisonniers.

Quinze jours se passèrent dans le repos et les réjouissances, à Zadracarta, capitale de l'Hyrcanie. Ici se place une de ces fictions dont quelques-uns des premiers historiens d'Alexandre voulurent embellir le récit de sa vie. Clitarque, éloquent et menteur, dont l'ouvrage aujourd'hui perdu servit de modèle à Quinte-Curce, raconte que Thalestris, reine des Amazones, avec une suite de ces femmes guerrières, vint trouver Alexandre, en fut bien reçue et passa quelques jours près de lui. Clitarque disait (et Quinte-Curce a dit après lui) que le royaume des Amazones était situé sur les bords du Thermodon, près des Portes Caspiennes. Un géographe ancien, Strabon, a fait observer que du Thermodon aux Portes Caspiennes il y a plus de 6,000 stades (plus de 277 lieues). Voilà un singulier voisinage! L'historiette est digne de cette géographie de fantaisie. Un contemporain de Clitarque et, qui plus est, un officier d'Alexandre, aussi partisan de faits merveilleux que l'autre écrivain, Onésicrite, lisait à un des anciens lieutenants du conquérant, au roi Lysimaque, l'endroit d'un ouvrage de lui, Onésicrite, où le même fait était rapporté. « Et où étais-je alors? » dit le prince en riant. Il est curieux de trouver, dans des histoires écrites peu de temps après la mort d'Alexandre, des contes comme celui des Amazones et de leur reine Thalestris.

Alexandre, en atteignant les frontières des Parthes, était comme arrivé aux limites du monde visité par les Grecs ; il allait pénétrer maintenant dans des régions dont on connaissait à peine les noms, dont on ignorait tout le reste, ou sur lesquelles on n'avait que des notions fabuleuses. La lassitude que pouvaient éprouver les généraux et les soldats ne tenait pas contre l'ardente impulsion d'Alexandre. Animés par son esprit aventureux, poussés par son impérieuse volonté, ils marchaient courageusement à la conquête de ce monde inconnu.

Le roi s'avança, le long du côté nord du grand désert de Parthie jusqu'à la vaste province de l'Arie, qui se soumit à lui. Là, il apprit que Bessus avait pris la tiare droite, insigne de la royauté, qu'il se faisait appeler Artaxerxès, et qu'il avait rassemblé dans la Bactriane une force considérable. Il conçut de ce qu'il regardait comme une usurpation de Bessus une colère extrême, et résolut d'aller aussitôt châtier le meurtrier de Darius, le prétendant à l'empire des Perses. Laissant l'Arie entre les mains de son ancien satrape, Satibarzanes, il s'avança plus à l'est sur la Bactriane. Nicanor, fils de Parménion, commandant des hypaspistes, mourut dans cette marche, quelques semaines avant la catastrophe où allaient périr son frère et son père. Les Macédoniens furent bientôt rappelés en arrière par la nouvelle que Satibarzanes s'était révolté, avait fait alliance avec Bessus et tué quelques soldats restés dans sa province. Alexandre revint rapidement sur ses pas, faisant 600 stades en deux jours, et surprit le satrape rebelle par son prompt retour. Satibarzanes n'eut que le temps de s'enfuir d'Artacoana, sa capitale ; ses partisans furent punis, et un autre Perse, Arsamès, le remplaça comme satrape de l'Arie.

Fig. 32. — Amazone; d'après une peinture de vase.

Le retour dans cette province changea les projets immédiats du conquérant. Au lieu de reprendre la route de la Bactriane, il descendit au midi, pour s'assurer de toute la partie sud-est de l'Arie. Après une marche fort difficile, il subjugua les Zarangiens, les Drangiens, des Dragogiens et d'autres tribus sur les bords de la rivière Etymandrus (Helmund), qui coule dans le lac Aria (Zerrah). Barsaentès, satrape de la Drangiane et, lui aussi, un des meurtriers de Darius, s'était enfui chez les Indiens d'endeçà de l'Indus ; ceux-ci le renvoyèrent à Alexandre, qui le fit mettre à mort.

Pendant le séjour de l'armée à Prophtasia, capitale de

la Drangiane (octobre 330), se passa l'événement qui coûta la vie à Philotas et à Parménion, quoique ce dernier fût fort loin de là, à Ecbatane, où il avait le commandement supérieur de la citadelle et des troupes restées dans la Médie. Un certain Dymnus, personnage sans importance et sans considération, avait formé, avec des gens de son espèce, un complot contre la vie du roi. On ne comprend pas ce que lui et ses complices pouvaient attendre de leur crime; il semble qu'ils étaient dans une position trop inférieure pour espérer d'en profiter; d'autre part, on ne voit pas qu'ils aient été poussés par des motifs de vengeance personnelle. Il fallait que Dymnus comptât sur quelques hommes ayant dans l'armée une sérieuse autorité. Il parvint, paraît-il, à faire entrer dans son dessein Démétrius, un des gardes du corps du roi, un de ces officiers supérieurs qui devaient particulièrement veiller à sa sûreté, et qui, lui servant d'aides de camp, vivaient dans sa familiarité et sa confiance.

Dymnus avait fait part du complot à un jeune homme nommé Nicomaque, qui le révéla à Cébalinus, son frère. Celui-ci en avertit aussitôt Philotas, le priant instamment d'en donner avis au roi. Philotas sortait en ce moment de l'appartement d'Alexandre, il y rentra de ce pas, et s'entretint longtemps avec le roi, sans lui dire un mot de ce qu'il venait d'apprendre. Cébalinus, qui l'attendait à la sortie, lui demanda s'il avait fait ce dont il l'avait prié. Philotas dit qu'il n'avait pu en parler au roi et passa outre. Le lendemain, Cébalinus se présenta encore à lui

comme il entrait au palais, et le conjura de se ressouvenir
de ce qu'il lui avait communiqué le jour précédent. Philotas lui dit qu'il n'y manquerait pas, et toutefois il n'en
parla point encore. Alors Cébalinus, commençant à se
défier de lui, s'adressa à un autre, qui sur-le-champ communiqua cette information à Alexandre. Le roi ordonna
aussitôt d'arrêter Dymnus et interrogea Cébalinus; il
apprit ainsi l'étonnant silence que Philotas avait gardé

pendant deux jours sur l'urgente
révélation qui lui avait été faite;
ce qui remplit ce prince de soupçons. Dymnus, voyant qu'on le venait prendre, se perça de son épée,
et, porté mourant devant Alexandre, ne put ou ne voulut rien
dire.

Philotas, interrogé par le roi,
s'excusa sur ce que cette révéla-

Fig. 33. — Roi de Perse, coiffé
de la *tiare*.

tion était d'une si indigne origine qu'il n'avait pu la
croire vraie, et qu'il n'avait pas voulu entretenir le roi
de ce qu'il regardait comme une ignoble querelle entre
Dymnus et Nicomaque. Alexandre parut admettre l'expli-
cation de Philotas; il l'engagea même à se trouver, ce soir-
là, à la table royale. Philotas s'était rendu impopulaire
dans l'armée par son faste et son orgueil. Sa position
excitait l'envie; il était depuis longtemps accusé auprès
du roi de tenir sur lui des propos peu respectueux. La
circonstance présente pouvait sans doute donner lieu à

des soupçons. Les hommes dans la plus entière confiance du roi, Cratère entre autres, consultés par lui, furent d'avis de sévir contre Philotas. Le roi s'y décida. Il le fit arrêter dans la nuit.

Le lendemain, devant l'assemblée des soldats, il accusa formellement Philotas et Parménion de complot contre sa vie; mais il n'y avait pas de preuves contre Philotas, car les complices de Dymnus ne l'accusaient pas, et contre Parménion il n'y avait pas même d'indice. Philotas se défendit, sans pouvoir persuader de son innocence ni les Macédoniens ni le roi. Il fut résolu qu'on lui arracherait par la torture des aveux, qui fussent des charges contre lui et son père. Philotas, torturé avec une rigueur extrême, finit par avouer que son père et lui, à l'instigation d'Hégélochus, mort depuis, avaient, en effet, formé en Égypte un dessein contre la vie du roi, mais qu'ils en avaient remis l'exécution à une autre époque; puis, sur de nouvelles tortures, il convint qu'il avait participé, il est vrai, au complot de Dymnus, mais déclara que son père y était étranger. Il n'y a pas de foi à faire sur des paroles arrachées par l'atrocité de la torture, si elles ne sont confirmées par d'autres témoignages; ce n'était pas ici le cas. La culpabilité de Philotas est restée un problème pour l'histoire.

Le lendemain, tous ceux que Nicomaque avait nommés, Démétrius, dénoncé postérieurement, et Philotas, furent condamnés par les soldats assemblés, et sur-le-champ lapidés ou percés de traits, car c'était l'usage que les

Macédoniens fussent jugés par leurs camarades, et que ceux qui avaient rendu la sentence l'exécutassent.

Un autre usage, rapporté par Quinte-Curce, et à peine croyable, c'est que les parents des coupables de complot contre le roi fussent frappés avec eux. L'arrestation et le traitement si rigoureux de Philotas répandirent la terreur dans le camp, surtout parmi les officiers de la cavalerie, qu'il commandait depuis si longtemps. Ceux que l'on regardait comme ses amis furent particulièrement effrayés. Quelques-uns, dit-on, se tuèrent, d'autres s'enfuirent. Pour faire cesser ces craintes désordonnées, Alexandre dut déclarer que la coutume sur les parents des coupables ne serait pas observée.

Parmi les fugitifs se trouvait un certain Polémon, fils d'Andromènes, frère d'Amyntas et de Simmias, ceux-ci officiers de haut grade et amis de Philotas. On les arrêta, on les mena devant l'assemblée. Amyntas se défendit bien : ses paroles, d'autant plus habiles qu'elles étaient sans doute sincères, touchèrent l'armée et le roi ; il fut absous ainsi que Simmias et Polémon, que l'on avait atteint. Mais, quelque temps après, Amyntas reçut un coup de flèche au siège d'une bourgade et mourut de sa blessure.

L'acquittement d'Amyntas et de ses frères avait été précédé d'un acte de rigueur. Alexandre, fils d'Aéropus, arrêté depuis plus de trois ans et traîné à la suite de l'armée, fut produit devant l'assemblée. Il ne sut rien trouver pour sa défense et tomba percé de traits par les soldats.

Après la séparation de l'assemblée, Alexandre fit appeler un officier macédonien, Polydamas, grand ami de Parménion et de Philotas, suspect par conséquent, compromis et prêt à tout pour éviter d'être entraîné dans leur perte. Il le chargea de porter des lettres de lui aux généraux des troupes de Médie, Cléandre, Sitalcès, Ménidas, contenant la sentence de mort contre Parménion, et de veiller à l'exécution de cet ordre. Il lui recommanda de faire la plus grande diligence, afin de devancer à Ecbatane la nouvelle de la catastrophe de Philotas. Pour s'y rendre, il fallait traverser le désert de Parthie. Polydamas et ses guides, montés sur des chameaux, arrivèrent dans la nuit du onzième jour; il se rendit chez Cléandre, à qui il remit la lettre qui lui était destinée. Les autres chefs, aussitôt prévenus, reçurent aussi leurs lettres. Il fut convenu qu'ils se trouveraient tous chez Parménion au point du jour. Ils y étaient, se promenant avec le vieux général dans le parc de sa résidence, lorsque Polydamas se présenta. D'aussi loin que Parménion l'aperçut, il courut l'embrasser, faisant éclater la joie sur son visage. Après les compliments de part et d'autre, Polydamas lui remit une lettre d'Alexandre et une lettre écrite sous le nom de Philotas. Parménion ouvrit d'abord la première, et, après l'avoir lue : « Le roi, dit-il, prépare une expédition contre les Arachosiens; c'est un vaillant homme et qui ne se repose jamais; mais il est temps qu'il se ménage après avoir acquis tant de gloire. » Puis il ouvrit la prétendue lettre de Philotas;

il la lisait quand Cléandre lui plongea le poignard dans le flanc, ensuite dans la gorge; les autres lui portèrent aussi plusieurs coups même après sa mort.

Les soldats d'Ecbatane, informés du meurtre, se précipitèrent vers le palais pour venger leur général. Cléandre leur montra les ordres d'Alexandre. Ils se retirèrent, indignés mais soumis, demandant du moins le corps pour l'ensevelir. Cléandre refusait d'abord; il finit par consentir, mais avant de livrer le corps, il coupa la tête qu'il envoya au roi.

Parménion avait soixante-dix ans. Associé à toutes les grandes actions militaires de Philippe et d'Alexandre, il avait été leur meilleur lieutenant. Un certain mécontentement, qui se produisait dans l'armée par suite des prétentions du roi à une origine divine et des manières orientales, qu'il commençait à prendre, trouvait de l'appui, et une sorte de complicité dans Parménion et son fils. Philotas alla-t-il plus loin? encouragea-t-il quelques desseins contre la vie d'Alexandre? Ce n'est pas prouvé. Pour Parménion, c'est moins établi encore, c'est même fort peu probable. Philotas fut sacrifié à des soupçons et Parménion fut mis à mort parce qu'il parut imprudent de le laisser vivre après le supplice de son fils.

Philotas ne fut pas remplacé dans le commandement unique des hétaires. Alexandre forma ce corps en deux divisions, dont il donna l'une à Héphestion, l'autre à Clitus. Ptolémée, fils de Lagus, le futur roi d'Égypte, devint garde du corps, à la place de Démétrius.

La fin de l'automne et l'hiver furent consacrés à des expéditions dans la Gédrosie, l'Arachosie (Béloutchistan, Afghanistan). Ce ne fut point une conquête complète. Alexandre s'ouvrait, à travers ces pays, des routes qu'il marquait par des postes, avec quelques villes fondées ou agrandies, pour contenir le pays d'alentour. Ces villes portaient son nom. Dans l'Arie, il fonda une Alexandrie que l'on croit être l'importante ville moderne de Hérat; dans l'Arachosie, une autre Alexandrie, probablement Candahar. Au sud du Paropamisus ou Caucase indien (Hindou-Kouch), il fonda encore une Alexandrie, dont on n'a pas identifié le site, mais qui ne devait pas être bien éloignée de la place où s'élève la ville moderne de Caboul.

Cette campagne ou cette marche militaire, surtout vers la fin, fut des plus rudes. Arrien se contente de dire : « Il traversa toutes ces peuplades, par beaucoup de neige, en manquant de subsistances et à la grande fatigue des soldats. » Quinte-Curce, beaucoup plus éloquent, a fait une description remarquable du passage d'Alexandre chez les Paropamisades (nord de l'Afghanistan, au fort de l'hiver (janvier 329). « En hiver, les neiges y sont si hautes et les glaces si épaisses, qu'on n'y voit pas la moindre trace d'oiseau ni de bête. Une ombre obscure y couvre la face de la terre, et ce qu'on appelle jour n'est qu'une sombre lueur, si peu différente de la nuit, qu'à peine y voit-on ce qui est tout proche. Dans cette horrible solitude, l'armée, destituée de secours, souffrit tous les

[...] qu'on peut endurer le froid, la faim, la lassitude,
[...] désespoir. » Enfin on se trouva au pied de la haute
[...] montagnes, qui séparait l'armée de la Bac-
[...] Ce fut une pénible course que de la traverser
[...] que lui par
[...] Canoul

tour de lui. Il avait donné, sagement du reste, 2,000 cavaliers à Satibarzanes, pour ranimer l'insurrection des Ariens. Ce nouveau soulèvement, qui eut lieu lorsque Alexandre se trouvait dans l'Arachosie, ne le détourna pas de sa route; il se contenta d'envoyer le Perse Artabaze et le vétéran macédonien Érigyus, avec une force modique. Un combat eut lieu, longtemps disputé, jusqu'à ce que le vieux Érigyus tuât Satibarzanes de sa main. Les barbares alors s'enfuirent et l'Arie fut de nouveau soumise. Le mauvais succès de cette diversion semble avoir découragé Bessus. Sa seule mesure de précaution contre l'invasion d'Alexandre fut de dévaster le pays au pied du Paropamisus; ce qui infligea quelques souffrances aux Macédoniens, sans les empêcher d'avancer. Alors, il quitta Bactra et se retira vers l'Oxus, qui sépare la Bactriane de la Sogdiane. Puis il traversa ce fleuve et, après avoir eu le soin de brûler les bateaux qui lui avaient servi pour le passage, il se réfugia à Nautaca, dans la Sogdiane. Ses cavaliers bactriens refusèrent de le suivre au delà de l'Oxus : ils se dispersèrent et s'en retournèrent chez eux.

Alexandre occupa Aornos et Bactra, les deux principales villes de la Bactriane. Il nomma Artabaze gouverneur de cette grande province, plaça Archélaüs, avec une garnison, dans Aornos, et se prépara à poursuivre Bessus au delà de l'Oxus.

# CHAPITRE X.



Alexandre, au mois de mai ou de juin 329, marcha au
nord, vers l'Oxus. La Bactriane (Boukharie), habitée par
une des populations les moins civilisées de l'empire des
Perses, était très fertile dans certaines parties de son sol,
arrosées par des cours d'eau ; d'autres parties, au contraire,
n'étaient que de stériles espaces privés d'eau. Sa capitale
se nommait Bactra, la ville des Bactriens, ou Zariaspa,
la ville des Zariaspes, du nom d'une des principales tribus de la Bactriane. Pour arriver à l'Oxus (Djihoun ou
Amou-Daria), qui limite ce pays au nord, l'armée macédonienne eut à traverser une steppe sablonneuse d'une
douzaine de lieues, sans eau, et souffrit beaucoup de la
soif. Vers la fin de la marche, les souffrances devinrent
pires ; Alexandre les partageait. Deux soldats, qui étaient
déjà arrivés jusqu'à l'Oxus, revenaient avec des outres
pleines d'eau. Ces gens ayant rencontré le roi, l'un d'eux

ouvrit aussitôt une outre, et, remplissant une tasse, la lui
présenta. Alexandre leur demanda à qui ils portaient
cette eau, et ayant appris que c'était à leurs enfants, leur
rendit la tasse toute pleine, en leur disant qu'il n'y en
avait pas là pour tous les soldats, et qu'il ne pouvait se
résoudre à boire tout seul, qu'ils courussent donc la
porter à leurs enfants.

Les Macédoniens furent frappés de la grandeur de
l'Oxus. C'était le plus large fleuve qu'ils eussent encore
vu en Asie, et ils ne devaient en voir de plus grand que
dans l'Inde. Grossi en ce moment par la fonte des neiges,
il n'avait pas moins de 6 stades de large (près de 900 mètres, s'il s'agit de stades pythiques, et 1,100, s'il
s'agit de stades olympiques). Les bateaux manquaient
pour passer ce large cours d'eau, et l'on n'avait pas de
bois pour en construire. Les Macédoniens y suppléèrent
au moyen d'outres, comme on le fait sur beaucoup de
fleuves de l'Asie, et comme ils l'avaient déjà fait eux-
mêmes sur le Danube. En cousant les peaux qui servaient
pour les tentes des soldats, on en forma des espèces d'outres ou de sacs, que l'on remplit de foin, de paille, d'autres matériaux légers. Plusieurs de ces outres attachées
ensemble faisaient un radeau. Par ce procédé, qui est
encore d'un usage à peu près général sur l'Euphrate et
le Tigre, l'armée passa l'Oxus en cinq jours. Bessus, abandonné du plus grand nombre de ses soldats, ne pouvait
même essayer de l'en empêcher; il était parmi les siens
un captif plutôt qu'un roi. Spitamènes et d'autres chefs

sogdiens, pour faire leur paix avec Alexandre, offrirent de
le lui livrer. Il envoya Ptolémée avec un petit corps de
troupes légères pour cette capture, qui se fit sans diffi-
culté. Bessus, par l'ordre du roi, fut mené nu et une
chaîne au cou, sur le bord du chemin que suivait l'armée. Alexandre arrêtant son char devant lui, lui repro-
cha en termes violents d'avoir tué Darius. Bessus répondit qu'il ne l'avait pas fait seul, qu'il l'avait fait avec

Fig. 35. — Outres en usage dans l'Inde pour passer les fleuves.

d'autres pour se ménager un traitement favorable de la
part d'Alexandre. Ces paroles ne touchèrent pas le roi,
qui le fit fouetter et l'envoya à Bactra attendre le dernier supplice.

D'anciens historiens d'Alexandre racontaient, et
Quinte-Curce a répété que, dans sa marche à travers la
Sogdiane, il rencontra une ville peuplée par les descendants de ces Branchides, qui avaient livré à Xerxès les
trésors d'Apollon Didyméen, dont ils desservaient le
temple près de Milet. Xerxès, pour les soustraire à la
vengeance des habitants de cette ville, leur avait donné

un établissement dans la Sogdiane. C'est là qu'un siècle et demi plus tard, Alexandre rencontra leurs descendants, conservant encore, quoique altérées, la langue et les coutumes de la Grèce. Heureux de retrouver des compatriotes, ils vinrent au-devant du conquérant. Mais Alexandre ne pensa qu'au crime de leurs ancêtres. Il laissa leur sort au jugement des Milésiens qui servaient dans son armée. Ceux-ci n'osèrent décider; alors Alexandre dit qu'il déciderait lui-même. Le lendemain, il fit environner la place par ses soldats et fit tuer tous les habitants jusqu'au dernier. Rollin dit à bon droit : « Je ne sais si l'histoire fournit quelque autre exemple d'une barbarie si brutale et si forcenée. » Mais ce récit est très invraisemblable, et pour cette raison, comme aussi à cause du silence d'Arrien, on peut le croire faux.

Les Macédoniens occupèrent Maracanda (Samarkand), la principale ville de la Sogdiane (Turkestan oriental). La possession de cette ville ne leur donna pas le pays; la rude population de la Sogdiane ne se soumettait pas; elle trouvait dans la nature de son sol de puissants moyens de défense. A l'est, s'élèvent des montagnes, d'un accès très difficile. Les plaines de l'intérieur, coupées de vastes espaces sablonneux, sans eau, n'étaient pas aisées non plus. Les peuplades sogdiennes surprenaient les détachements, puis regagnaient leurs retraites, où l'on avait peine à les poursuivre. Dans une de ces rencontres, le roi fut blessé d'une flèche à l'os de la jambe. Il faisait des exemples rigoureux, obtenait une soumission apparente là où il se trouvait de sa personne; à peine s'était-il éloigné que la révolte éclatait de nouveau.

L'armée arriva ainsi à l'Iaxartes (Sihoun ou Sir-Daria), qu'elle croyait être le Tanaïs, qui séparait, disait-on, l'Europe et l'Asie. Au delà du fleuve se trouvaient les peuples scythiques. Alexandre n'avait pas, pour le moment du moins, le projet de porter la guerre chez eux, mais il tenait à ce qu'ils ne vinssent pas dans la Sogdiane. Il résolut de bâtir une ville qui servît de boulevard contre leurs incursions. Une révolte des Sogdiens le força de s'occuper d'autres soins. Elle avait pour instigateur et pour chef ce même Spitamènes, qui avait livré Bessus à Alexandre, et qui n'était pas plus fidèle à son nouveau maître qu'à l'ancien. Le roi la réprima promptement, c'est-à-dire qu'il prit et détruisit plusieurs villes de la Sogdiane, entres autres Cyropolis; mais la population n'en fut guère plus soumise. Au siège d'une de ces places, il reçut à la tête un coup de pierre, qui faillit le tuer.

Toujours bataillant, il revint sur l'Iaxarte et y fonda une nouvelle Alexandrie (Khodjend, ou dans le voisinage). Les Scythes vinrent harceler les soldats et empêcher les travaux. Il résolut d'aller les chercher au delà du fleuve pour leur donner une leçon. Des radeaux, des outres furent préparés. Les Scythes lui envoyèrent, assure-t-on, une ambassade pour le détourner de porter la guerre chez eux. Quinte-Curce met dans la bouche d'un des envoyés un fort beau discours, trop long pour être rapporté ici. Alexandre ne fut pas persuadé et persista dans son projet de passage. Avec ses machines de guerre placées sur des radeaux, il cribla de traits les Scythes postés sur l'autre rive, les mit en désarroi, passa à la faveur de leur désordre, et les poussa loin du fleuve. Il les poursuivit pendant quelque temps ; mais, par la chaleur, dans ces steppes arides, la marche était très fatigante. L'eau malsaine occasionna la dysenterie dans l'armée. Alexandre en fut atteint, et, mal remis qu'il était de sa dernière blessure, il se trouva tout à coup gravement malade. Il fallut revenir. C'est la pointe la plus avancée que le conquérant de l'Asie ait faite vers le nord. L'armée repassa l'Iaxarte.

Cette incursion en Scythie n'améliorait pas la situation, qui restait difficile. Spitamènes était rentré dans Maracanda, dont un détachement macédonien garda seulement la citadelle. C'était avant le passage de l'Iaxarte. Alexandre envoya au secours de la garnison assiégée un petit corps de 60 cavaliers hétaires, 800 cavaliers mercenaires et 1,500 fantassins mercenaires. Cette troupe, commandée par Andromaque, Ménédème et Caranus, força le satrape révolté d'abandonner Maracanda, mais elle se laissa entraîner trop loin à sa poursuite, fut surprise par un retour offensif de Spitamènes, qu'avaient rejoint des auxiliaires scythes, enveloppée et entièrement détruite. A la nouvelle de ce malheur, Alexandre, à peine rétabli, accourut pour venger ses soldats. Il franchit avec quelques corps d'élite 1,500 stades en trois jours, et parut

le matin du quatrième jour devant Maracanda, où Spitamènes était revenu assiéger la citadelle. Le satrape lui
échappa par une prompte fuite. Alexandre le poursuivit
jusqu'à la limite du désert, retrouva et ensevelit les corps
des soldats tués dans la précédente défaite, dévasta toute
la vallée du Polytimétus (Kohik), et n'obtint point de
résultat décisif.

Il était évident que, pour subjuguer la Sogdiane, il fallait une nouvelle campagne : cette campagne, il était en
ce moment trop tard pour l'entreprendre ; Alexandre revint à Bactra ou Zariaspa, et y passa l'hiver de 329-328.

Là, il retrouva son captif Bessus ; il lui fit couper le
nez et les oreilles, et l'envoya dans cet état à Ecbatane,
pour y être tué par les Mèdes et les Perses. Plutarque
nous a laissé la description de son supplice. On fit courber
par force des arbres l'un vers l'autre, et l'on attacha à
chacun de ces arbres un des membres du corps de Bessus. On leur laissa ensuite la liberté de retourner à leur
état naturel ; ils se redressèrent avec tant de violence
qu'ils emportèrent chacun le membre qui y était attaché,
et de la sorte écartelèrent le corps. Rollin fait observer
que, de son temps, c'était encore le supplice qu'on infli-
geait aux criminels de lèse-majesté au premier chef, en
les faisant tirer à quatre chevaux.

Dans son traitement de Bessus, Alexandre ne se con-
forma que trop aux coutumes barbares du pays, et il faut
l'en blâmer ; mais, en général, tout en respectant les lois
et les mœurs des vaincus, il ne tâchait pas moins de faire

pénétrer parmi eux une civilisation plus humaine. On rapporte qu'il abolit une coutume des Bactriens, laquelle consistait à faire manger vivants par les chiens ceux à qui une vieillesse décrépite ou une maladie mortelle ne laissait aucun espoir de prolonger leur vie. Il paraît impossible qu'un aussi horrible usage ait été général, même chez un peuple barbare; il y en avait sans doute quelques exemples, qu'il fut interdit de renouveler.

Pendant cet hiver, Alexandre tint sa cour à Bactra, recevant des ambassadeurs, gouvernant son vaste empire, surveillant de loin les satrapes qui en administraient les grandes provinces. Comme roi des Perses, il avait pris en partie le costume royal de ce pays. Il portait la tunique rouge à large bande blanche (sarapis) et aussi, mais non pas habituellement, le bonnet droit (cidaris) avec un ruban bleu ou diadème. Le cérémonial de la cour de Perse était également en partie adopté, au sensible déplaisir des Macédoniens; mais il n'en pouvait guère être autrement maintenant que leur roi était devenu le roi des Perses.

Il arriva dans ce temps des renforts de la Macédoine et de la Grèce, s'élevant à 16,000 hommes; ils étaient nécessaires pour une nouvelle campagne de Sogdiane.

Au printemps de 328, laissant Polysperchon, Attale, Gorgias et Méléagre pour contenir la Bactriane encore frémissante et troublée, Alexandre traversa de nouveau l'Oxus et entra en Sogdiane. Il divisa son armée en cinq colonnes, dont trois furent confiées à Héphestion,

à Ptolémée, à Perdiccas. Cœnus et Artabaze conduisaient
la quatrième; lui-même conduisait la cinquième. Les cinq
colonnes, battant le pays, convergeaient sur Maracanda,
où elles entrèrent. Pendant une halte de quelques jours
qu'elles y firent, eut lieu un des événements les plus tristement célèbres de la vie du conquérant, le meurtre de
Clitus.

Dans un banquet où il avait réuni ses généraux, la con-
versation roulait sur des sujets mili-
taires. Alexandre aimait passionné-
ment la gloire; il se complaisait à
exalter ses propres actions. Ce soir-
là, après avoir beaucoup bu, il rappela que le gain de la fameuse bataille
de Chéronée lui était dû, mais que,
dans cette occasion comme dans

Fig. 36.    La *tiharis*,
coiffure perse.

d'autres, Philippe, par jalousie, n'avait pas voulu reconnaître ses services. Il ajouta d'autres paroles de raillerie
et de dénigrement contre Philippe et ses vétérans. Clitus
était précisément un de ces vétérans. Les manières asiatiques adoptées par le roi lui déplaisaient depuis longtemps;
maintenant, échauffé par le vin, il ne put pas se contenir.
Il releva avec vivacité les éloges qu'Alexandre se donnait aux dépens de Philippe. Il trouva injuste qu'un
homme s'appropriât la gloire de toute une armée, citant,
dit-on, à ce propos quelques vers du poète Euripide.
Ce qui l'animait le plus, ce sur quoi il revenait à travers
toutes les interruptions, c'était l'injure faite à Philippe

et à ses vétérans. Il osa rappeler Attale, il osa rappeler
Parménion, mêlant à ces souvenirs des sarcasmes sur les
coutumes perses du roi, sur ses prétentions à être le fils
d'Ammon. Rien ne pouvait plus exaspérer Alexandre que
de lui reprocher le meurtre de Parménion. Furieux, il s'é-
lança de son lit, pour se jeter sur Clitus. On raconte di-
versement ce qui se passa alors. Les convives, violemment
émus, ne s'en rendirent pas bien compte. Les uns tâchent
de retenir Alexandre malgré ses ordres et ses cris, d'autres s'efforcent d'entraîner Clitus, qui continuait de voci-
férer et qui criait en montrant sa main : « C'est pourtant
cette main qui t'a sauvé, Alexandre. » On réussit à le
faire sortir de la salle, mais il revint aussitôt. Alexandre
s'était fait lâcher de ses amis; il saisit la sarisse d'un des
gardes et l'enfonça dans la poitrine de Clitus, qui tomba
mort.

Quand il vit étendu à ses pieds ce vieux serviteur tué
de sa main, il se fit chez lui une réaction subite, son acte
lui apparut dans toute son horreur. Retirant sa pique du
corps de Clitus, il sembla vouloir s'en percer. Ses gardes
l'entourèrent et le menèrent dans sa chambre à coucher,
où il resta enfermé pendant plusieurs jours, donnant les
signes du chagrin le plus violent. Il se représentait avec
une sorte d'effroi le jugement que le monde ferait de ce
meurtre et l'affreuse douleur de sa nourrice Hellanicé,
lorsqu'elle apprendrait la mort de son frère. Les deux
fils de cette femme avaient péri au service d'Alexandre;
maintenant son frère tombait tué par Alexandre lui-même.

Ces pensées le remplissaient de confusion et d'horreur ;
il y revenait sans cesse dans ses plaintes et ses cris
d'angoisse. Il refusait de prendre de la nourriture. Ses
amis lui dépêchèrent deux philosophes, qui accompagnaient
l'armée et dont il aimait les entretiens, Callisthène et
Anaxarque. Il paraît que Callisthène l'impatienta par ses
consolations. Anaxarque se mit à crier dès l'entrée :
« Quoi! est-ce là cet Alexandre sur qui toute la terre a
les yeux ouverts? Eh! le voilà étendu sur le plancher,
fondant en larmes comme un esclave! Ignore-t-il donc
qu'il est la loi suprême de ses sujets, qu'il a vaincu pour
être seigneur et maître, nullement pour se soumettre à
l'opinion? » C'était habilement toucher le point sensible :
Alexandre, dans son amour de la gloire, dans son désir
de l'admiration des hommes, craignait surtout l'opinion.
Les Macédoniens, répondant au même sentiment, rendirent
une sentence par laquelle ils déclaraient que Clitus avait
été tué avec justice ; ils décrétèrent même qu'il serait
privé de sépulture. Alexandre s'empressa d'ordonner de
l'ensevelir, ce qui pouvait sembler de la clémence.

Après dix jours donnés à la honte et au deuil, il se remit en campagne. Il occupa la contrée de Xénippa, fertile
et populeuse. Les régions montagneuses restaient toujours à soumettre. Les détails de ces *guerillas* sont confus
et monotones. Ce sont toujours des marches très fati-
gantes, de petits combats rarement décisifs, et des sièges
de ces forteresses naturelles formées par les rochers
des montagnes. Il se trouvait une de ces positions presque

inabordables au sortir du pays de Xénippa. C'était un défilé que dominait une roche escarpée, sur laquelle s'était
retiré un chef indigène nommé Sisymithrès. Cette citadelle naturelle était protégée par une rivière impétueuse.
Alexandre commença les préparatifs d'un siège. Sisymithrès n'attendit pas l'attaque, il se rendit au roi; celui-ci
lui laissa son gouvernement, lui promettant même d'en
étendre les limites; il reçut les deux fils du satrape et
voulut qu'ils le suivissent à la guerre.

Spitamènes, traqué de tous côtés par les colonnes vo-
lantes, avait appelé les Scythes à son secours. Il en
vint une troupe assez forte; mais, après un petit succès
sur un détachement macédonien, les Scythes furent si
complètement battus, que, pour se réconcilier avec les
vainqueurs, ils tuèrent Spitamènes et envoyèrent sa tête
à Alexandre. C'est ce que dit Arrien. Le récit de Quinte-
Curce est bien plus dramatique. La femme même de
Spitamènes, dégoûtée de la vie aventureuse de périls et
de misères qu'elle menait avec son mari, profita d'une
nuit où il était enseveli dans le lourd sommeil de l'ivresse,
lui coupa la tête, la donna à porter à un esclave et se
rendit avec lui auprès d'Alexandre. A la vue de la tête
sanglante de Spitamènes, apportée par sa femme, le roi
ressentit de la joie d'être délivré d'un tel ennemi, et de
l'horreur de la cruauté de la femme; il lui ordonna de
quitter son camp.

L'armée prit ensuite quelque temps de repos à Nautaca,
durant le fort de l'hiver. L'administration de l'empire ré-

clamait aussi l'attention du conquérant. Stamène succéda,
comme satrape de Babylone, à Mazæus, mort récemment.
Stasanor fut nommé satrape de la Drangiane, et Atropatès satrape de la Médie, à la place d'Oxodatès, dont le
roi n'était pas content. Sopolis, Epocillus et Ménidas durent se rendre en Macédoine pour en ramener des renforts.

Un peu avant le printemps, probablement au mois de
février 327, les opérations militaires recommencèrent par
l'attaque de la roche sogdienne, le dernier centre de résistance dans cette région. C'était une énorme masse de
rochers, avec des bords partout escarpés, et avec des
sources abondantes. Elle était largement pourvue de
vivres; un nombre fort considérable d'indigènes la défendaient. Ce refuge paraissait si sûr que plusieurs des principaux de la contrée engagés dans l'insurrection y avaient
placé leur famille; un, entre autres, Oxyartès, y avait
mis sa femme et ses enfants.

La neige, tombée en abondance, rendait l'accès de la
roche encore plus difficile. Quand le roi fit sommer ses défenseurs de se rendre, ils répondirent que si Alexandre voulait
la prendre, il pouvait chercher des soldats qui eussent
des ailes. Piqué de cette réponse, il fit proclamer dans
l'armée qu'il donnerait 12 talents (66,960 fr.) au premier
soldat qui arriverait au sommet de la roche, 11 au second,
et ainsi de suite jusqu'au douzième, qui aurait un talent.
Il s'en présenta 300 pour tenter l'aventure. Ils se
pourvurent de chevilles de fer, qui servaient à fixer les

tentes et de cordes solides. De nuit, ils s'attaquèrent au côté le plus escarpé, parce qu'il n'était pas gardé. Avec des peines incroyables, à l'aide de leurs crampons et de leurs cordes, ils se hissèrent sur cette muraille de rocher ; il en périt une trentaine, qui roulèrent dans le précipice, et dont on ne trouva pas même les corps ensevelis dans la neige. Les autres arrivèrent au sommet. Ils agitèrent des étoffes blanches pour annoncer au roi, qui attendait ce signal avec une anxieuse impatience, qu'ils avaient réussi et qu'ils dominaient le refuge des Sogdiens. Il envoya un héraut dire aux assiégés qu'ils n'avaient plus qu'à se rendre, puisque les hommes volants s'étaient trouvés et tenaient le sommet de la roche. Les Sogdiens furent si étonnés de voir des Macédoniens au-dessus de leurs têtes, que, sans songer au petit nombre de ces ennemis, ils se rendirent. Alexandre prit là beaucoup de femmes et d'enfants, qui furent pour lui de précieux otages. De ce nombre était la famille d'Oxyartès. Il la traita avec beaucoup d'égards. La fille de ce seigneur, Roxane, d'une admirable beauté, plut au roi, qui résolut de l'épouser. Oxyartès, prévenu de la captivité de sa famille et des sentiments d'Alexandre pour sa fille, accourut au camp, fut bien accueilli et devint un auxiliaire utile pour l'achèvement de la pacification de ces pays.

Après la prise de la roche sogdienne, l'insurrection pouvait être regardée comme définitivement vaincue dans la Sogdiane et dans la Bactriane, où il s'était livré aussi quelques petits combats. Alexandre passa dans une con-

trée voisine à l'est, qu'Arrien appelle Parétacène, mais qui
est fort loin du pays des Parétaces, que nous avons vu
entre la Perse et la Médie. Il s'y trouvait une autre position du même genre et aussi forte, une véritable montagne haute d'environ 20 stades, plus de 3 kilomètres,
et de 60 stades de tour. Choriènes, chef de la contrée, s'y
était réfugié avec d'autres seigneurs.

L'abord de la roche était défendu par un précipice
profond, de sorte que, pour arriver au pied de la roche, il
fallait établir un passage, jetée et pont, sur le précipice.
Le roi fit aussitôt commencer ce travail. Les sapins, abon-
dants dans cette région, fournirent des matériaux. Le travail, poursuivi jour et nuit, avançait au grand étonnement
et à l'effroi des barbares, qu'atteignirent bientôt les traits
lancés par les machines. Choriènes demanda à s'entretenir avec Oxyartès, et se laissa facilement persuader par
celui-ci de se soumettre. Il se rendit auprès d'Alexandre,
qui le reçut très bien et lui laissa son gouvernement. La
saison était encore rigoureuse, surtout dans cette contrée ;
la neige couvrait la terre ; les Macédoniens avaient eu à
souffrir de privations. Choriènes promit de fournir des
vivres à l'armée pour deux mois, et sur les provisions
entassées dans sa forteresse, il fit aux soldats de larges
distributions de froment, de viandes salées, de vin.

Après la soumission de Choriènes, Alexandre se rendit à Bactra. Il laissait Cratère avec 600 cavaliers hétaires et trois divisions de la phalange pour achever la
conquête de la Parétacène. Deux seigneurs, Catanès et

Austanès, s'y défendaient encore. Cratère leur livra bataille : Catanès périt dans le combat, Austanès tomba aux
mains des Macédoniens.

Ce fut la fin de la résistance de ces régions, qui avaient
tant coûté à conquérir.

# CHAPITRE XI.



Alexandre passa à Bactra le printemps de 327. Il avait des soins à prendre de son armée et de son empire avant de commencer sa grande expédition dans l'Inde.

Un voyageur, Marco Polo, qui, au treizième siècle de notre ère, seize cents ans après Alexandre, visita Balk, l'ancienne Bactra, y trouva la tradition que dans cette ville Alexandre avait épousé la fille de Darius. La tradition n'était pas très exacte, puisque ce n'est pas la fille de Darius, c'est la fille d'Oxyartès, Roxane, qu'Alexandre épousa à Bactra; mais il est remarquable combien le souvenir du grand conquérant est resté vivant dans ces contrées. Tous les princes de la région du Pamir, des hautes vallées de l'Oxus et du Tarym, se disent encore aujourd'hui descendants d'Iskender (Alexandre); leurs sujets se contentent de descendre de l'armée macédonienne.

Ce dernier séjour d'Alexandre à Bactra fut tristement marqué par la catastrophe de Callisthène.

Le roi était accompagné de plusieurs littérateurs, les philosophes Anaximène, Anaxarque, Callisthène, le rhéteur Cléon, le poète Agis, d'Argos. Ils devaient écrire l'histoire de ses expéditions ou chanter ses exploits, et surtout ils lui étaient agréables par leurs entretiens. Ce prince aimait l'instruction; mais, très occupé par ses guerres continuelles et par le gouvernement de ses conquêtes, il n'avait pas beaucoup de temps à donner à ses lectures. Son livre de prédilection était l'*Iliade* d'Homère, dont il avait toujours avec lui, dans une cassette précieuse, un manuscrit, corrigé, dit-on, par Aristote, ou par lui-même et par Callisthène. C'était son livre de chevet. On voit qu'il demanda à Harpalus de lui envoyer des livres. Celui-ci, par son choix, montra quel était le goût du prince : il lui envoya des tragédies d'Eschyle, de Sophocle, d'Euripide, les poèmes dithyrambiques de Telésilès et les histoires de Phlistus.

Quoique Alexandre préférât la poésie et l'histoire, il n'était pas indifférent à la philosophie et aux sciences. Il s'intéressait aux savantes études d'Aristote et il les favorisait. « Alexandre le Grand, dit Pline, brûlant de connaître l'histoire des animaux, remit le soin de faire un travail à ce sujet à Aristote, éminent en tout genre de sciences, et il soumit à ses ordres, en Grèce et en Asie, quelques milliers d'hommes qui vivaient de la chasse et de la pêche, et qui soignaient des viviers, des bestiaires, des ruches, des piscines et des volières, afin qu'aucune créature ne lui échappât. » Athénée dit qu'Alexandre paya à Aristote 800 talents (4,464,000 fr.) pour son *Histoire des animaux* (sans doute pour les frais de recherches). Les assertions de Pline et d'Athénée sont fort sujettes à caution. On s'étonne qu'Aristote n'ait fait aucune mention des libéralités d'Alexandre, et que dans aucun de ses ouvrages, il n'ait parlé de l'intérêt que ce prince prenait à ses travaux.

Alexandre aimait les arts, qui à son époque étaient florissants. Il distingua surtout le peintre Apelles et le statuaire Lysippe, et voulut que seuls ils fissent son portrait. On remarque dans les œuvres d'alors quelques traits qui les distinguent de celles du siècle de Périclès, la hardiesse, le mouvement, une reproduction plus réelle de la forme humaine, mais ce caractère des arts de ce temps, qui se montre dans des monuments antérieurs au règne d'Alexandre, comme le tombeau de Mausole, ne saurait lui être attribué. Ni dans les lettres ni dans les arts il n'y eut de siècle d'Alexandre.

Le roi avait donc auprès de lui plusieurs littérateurs, dont le plus distingué était Callisthène, neveu d'Aristote, et que le philosophe avait recommandé au prince. Il écrivait une histoire d'Alexandre. On voit, par quelques citations que font les anciens de cet ouvrage aujourd'hui perdu, qu'il ne lui épargnait pas les témoignages de la plus vive admiration ; cependant, il n'approuvait pas l'espèce d'adoration que ce prince recevait de ses sujets asiatiques, et qu'il aurait voulu aussi obtenir des Grecs et des Macédoniens. Alexandre, roi des Perses, recevait d'eux naturellement les mêmes hommages qu'ils avaient l'habitude de rendre à leurs rois ; les Macédoniens ne se souciaient pas d'imiter ces génuflexions, ces prosternations, qui, du reste, n'étaient pas un culte. Mais ce qu'ils ne voulaient pas accorder à un homme, ils pouvaient, ils devaient le rendre à un dieu ; or Alexandre n'était-il pas le fils de Zeus-Ammon, un dieu au même titre que ces autres fils de Zeus, Dionysos, Héraclès, les Dioscures ? N'y avait-il pas un entêtement déraisonnable, une sorte d'impiété à méconnaître une divinité, attestée par tant d'actions merveilleuses ? Ainsi raisonnaient plusieurs Grecs à la suite du roi.

Un soir, Anaxarque, dans un banquet, en l'absence d'Alexandre, déclara qu'il était temps de lui rendre les honneurs divins, et soutint sa proposition. Callisthène le réfuta dans un beau discours, car il était éloquent, et fut très applaudi des Macédoniens. Alexandre n'exigeait pas les honneurs divins, mais il n'eût pas été fâché qu'on lui rendît quelque chose d'approchant, et sans obliger à le croire fils d'Ammon, il regardait comme un manque de respect à l'oracle de lui refuser un titre qu'il en avait reçu. Aussi, quoique Callisthène eût mêlé beaucoup d'admiration à ses réserves, Alexandre ne les lui pardonna pas. Le philosophe aggrava encore l'offense en s'abstenant, dans un autre banquet, de la profonde salutation ou prosternation dont les autres convives lui donnaient l'exemple. Le roi s'exaspéra qu'un petit Grec qui n'avait pas même de patrie, car Olynthe, patrie de Callisthène, avait été détruite par Philippe, osât lui refuser ce que lui accordaient les plus grands seigneurs de la Perse et même beaucoup des plus considérables Macédoniens. Il n'eut que trop tôt l'occasion de lui témoigner son ressentiment.

Un des pages, Hermolaüs, fils de Sopolis, ayant percé à la chasse un sanglier qui courait sur le roi, ce prince, irrité d'avoir été devancé, fit fouetter le page et lui retira son cheval. Hermolaüs, exaspéré d'un châtiment aussi humiliant qu'immérité, fit partager son indignation à un autre page de ses amis, et tous deux persuadèrent plusieurs de leurs camarades. Ces jeunes gens convinrent qu'ils tueraient le roi, profitant pour cela de la nuit où l'un d'eux, Antipater, serait de garde à la porte de sa chambre. Ce complot, formé par ceux qui étaient attachés de plus près à sa personne, était fort dangereux; une circonstance singulière l'empêcha d'aboutir; la nuit où Antipater était de service avec quelques autres conjurés, le roi ne se coucha pas, il la passa à boire.

Alexandre avait toujours aimé à prolonger le repas du soir, qu'il prenait avec ses généraux, ses amis; c'était un repos après les dangers et les fatigues de la journée. Dans les premiers temps, il le faisait plutôt pour le plaisir de causer que pour boire; mais l'habitude de rester le soir si longuement à table amena celle de boire avec excès. On rapporte, du reste, que si Alexandre passa toute cette nuit à table, ce ne fut pas par intempérance, mais pour obéir à un avertissement mystérieux. Une femme syrienne, une sorte de prophétesse ou de folle, suivait le roi. Elle n'avait d'abord été pour lui et ses amis qu'un objet de risée; mais ses allures d'inspirée avaient fini par obtenir un certain respect, de sorte qu'elle avait, à toute heure, un libre accès auprès d'Alexandre, errant autour de lui, le jour et la nuit, comme un génie familier. Or, au sortir du repas, Alexandre rentrait dans son appartement lorsque la Syrienne, se présentant, lui conseilla, comme par une inspiration divine, de retourner dans la salle du banquet et d'y rester toute la nuit à boire. Alexandre n'eut pas de peine à suivre ce conseil et s'en trouva bien. Antipater, dont le tour de garde était passé, dut se retirer avec ses camarades. L'occasion du meurtre était manquée pour cette fois.

Le lendemain, Épimène, un des conjurés, fit part du complot à un de ses amis; celui-ci le révéla à Euryloque, et Euryloque courut le révéler à Ptolémée, un des gardes du corps. Ptolémée avertit immédiatement le roi, qui fit arrêter les pages nommés par Épimène (celui-ci eut sa grâce). Quoiqu'ils ne niassent pas le complot, on les mit à la torture, pour obtenir les noms d'autres de leurs complices, s'ils en avaient. On tâcha surtout de leur faire avouer que Callisthène, dont on savait les rapports d'amitié avec Hermolaüs, les avait excités au meurtre du roi. Aristobule et Ptolémée prétendaient qu'ils l'avaient dénoncé en effet; la plupart des historiens disent qu'ils n'avouèrent rien contre lui. Alexandre, même devant leur silence, resta persuadé que Callisthène était leur instigateur.

Avant ou après la torture (cela ne résulte pas clairement du récit d'Arrien), Hermolaüs et ses complices comparurent devant l'armée assemblée. Hermolaüs montra une fermeté singulière, avouant hautement son dessein, donnant ses raisons pour frapper le roi, dont il représenta, en traits énergiques, l'orgueil, l'étalage de mœurs perses, les prétentions à la divinité, la cruauté envers ses meilleurs généraux. On s'étonne qu'on lui ait laissé tenir un pareil langage, mais s'il le tint, on n'est pas surpris qu'Alexandre ait adressé un discours aux Macédoniens pour se justifier. Les pages furent condamnés et lapidés par l'assemblée. Callisthène n'était pas Macédonien : la formalité d'un jugement n'était pas nécessaire à son égard. Il fut mis à mort obscurément, de sorte que les circonstances de sa fin ne sont pas bien établies. Ptolémée rapportait qu'il fut torturé et pendu ; Aristobule disait qu'il fut traîné, rigoureusement enchaîné, à la suite de l'armée, et qu'il mourut au bout de quelques mois de ce traitement. Arrien s'étonne avec raison de ces contradictions de témoins oculaires, sur un fait pareil.

Cratère vint rejoindre le roi à Bactra. L'armée quitta cette ville à la fin du printemps de 327. Amyntas, fils de Nicolas, qui avait succédé au vieil Artabaze, relevé sur sa demande du gouvernement de la Bactriane, garda cette contrée avec 10,000 fantassins et 3,500 chevaux.

L'armée refit, en sens inverse, le chemin qu'elle avait fait en 329, et traversa l'Hindou-Kouch, probablement par le même défilé : comme la saison était plus favorable, le passage ne prit que dix jours.

Au débouché de la montagne, le roi revit sa ville d'Alexandrie au Caucase, qu'il avait fondée deux ans et demi plus tôt chez les Paropamisades. Ne trouvant pas que l'on eût fait assez de progrès dans sa construction, il en destitua le gouverneur et le remplaça par Nicanor. Il y appela des habitants du voisinage, y laissant les soldats impropres à un service actif.

D'Alexandrie, il se dirigea sur Nicéa (peut-être Caboul), et atteignit ensuite le Cophen (rivière de Caboul) qui se jette dans l'Indus. Sur son invitation, le chef ou roi de Taxila, entre l'Indus et l'Hydaspe, et plusieurs autres chefs indiens vinrent le trouver. Le prince, que les historiens grecs appellent Taxile, avait deux voisins redoutables, Abisarès, roi de la région montagneuse sur la rive gauche de l'Indus, appelée aujourd'hui Cachemire, et Porus, qui régnait au delà de l'Hydaspe. Il était heureux d'avoir contre eux la protection d'Alexandre, et Alexandre fut heureux de rencontrer, au début de sa grande entreprise, un prince qui lui apportait des renseignements sérieux sur ce monde de l'Inde, si peu connu des Grecs. Ce pays mystérieux qui s'étendait au delà de l'Indus, Taxile promettait de lui en faciliter l'entrée, et s'offrait à lui pour guide et pour auxiliaire.

Avant de s'engager au delà du grand fleuve, il impor-

tait de soumettre la contrée en deçà de l'Indus, qui pour
les Macédoniens était déjà l'Inde. Le roi divisa son armée. Il en confia une partie à Héphestion et à Perdiccas,
trois divisions de la phalange, la moitié des hétaires et
tous les cavaliers mercenaires, leur ordonna de se diriger
sur Peucélaotis (ville et pays), non loin du confluent du
Cophen et de l'Indus. Ils devaient soumettre toute la
contrée sur leur route et, une fois arrivés au bord de l'Indus, y faire tous les préparatifs de passage pour l'armée.
Taxile et les chefs indiens allèrent avec eux. Le chef du
pays de Peucélaotis, Astès, qui voulut résister, fut obligé
de se réfugier dans sa ville (peut-être le moderne Peschawer), et y soutint un siège. La ville fut prise au bout
de trente jours; Astès mourut et fut remplacé par San-
gæos, ami de Taxile.

Alexandre, avec les hypaspistes, la moitié des hétaires
et de la phalange, les archers, les Agrianes, se dirigea
sur la rive gauche du Cophen, dans un pays qu'Arrien
appelle la contrée des Aspasiens, des Gouriens et des
Assacanes. Arrivé à la rivière, Choès, à l'entrée de gorges
de montagnes fort âpres, il laissa sa grosse infanterie,
sous Cratère, le suivre à loisir, et avec sa cavalerie et ses
corps légers, il s'avança contre ces peuplades sauvages.
La région où il opérait, le Cafiristan moderne, est la
jonction de la chaîne de l'Himalaya et de l'Hindou-
Kouch, et forme les rampes méridionales du grand pla-
teau de Pamir. Alexandre avait résolu de traverser l'Indus, près du confluent de ce fleuve et du Cophen, là où se

trouve, sur la rive gauche de l'Indus, le moderne Attok, et où passe la route de Peschawer à Calcutta ; c'est par cette vallée du Cophen qu'il devait avoir ses communications avec la Bactriane. Héphestion opérait sur la rive droite de la rivière; Alexandre, s'élevant au nord-est du Cophen, à l'ouest de l'Indus, osa faire dans cette région une campagne d'hiver, fait qui paraîtrait incroyable, s'il n'était attesté par Aristobule, qui accompagnait l'armée. Il fut plusieurs fois blessé, sans que ses blessures l'arrêtassent plus que le froid. Aujourd'hui encore, le voyageur trouve dans le Cafiristan beaucoup de traditions relatives à Alexandre et à son armée.

Après diverses escarmouches avec les indigènes et la prise de quelques villes dont l'une se nommait Andaca, le roi arriva à la rivière Euasplès, d'où il atteignit une ville qui avait été brûlée par les natifs. Ceux-ci s'étaient retirés dans les montagnes. Les Macédoniens pénétrèrent dans ces montagnes et descendirent sur la cité d'Arigéum, qu'ils trouvèrent aussi incendiée par ses habitants. Le site de cette ville parut si heureux à Alexandre qu'il ordonna à Cratère de la rétablir. Les Macédoniens traversèrent alors une autre rangée de montagnes. Les indigènes les avaient abandonnées pour se retirer dans les vallées. Quoique plus guerriers qu'aucune des autres tribus, ils furent défaits dans un important combat. On leur prit une grande quantité de bétail. Alexandre fut si frappé de la beauté des bœufs, qu'il ordonna d'en envoyer en Macédoine.

Dans ces vallées, Cratère le rejoignit. De là, à travers
la contrée des Gouriens, on avança vers les Assacanes.
On les atteignit après avoir traversé la rivière Gouréus,
difficile à passer à cause de sa profondeur, de sa rapidité

Fig. 37. — Sculpture gréco-boudhique des environs de Peschawer.

et du lit de pierres rondes sur lequel elle roulait. Il avait
été rapporté au roi que les Assacanes pouvaient mettre
en campagne 20,000 cavaliers, 30,000 fantassins et 30 éléphants. Ils n'osèrent pas cependant hasarder une bataille
rangée et se tinrent dans leurs villes. Alexandre s'em-

para d'abord de la plus grande, Masaga ; il prit ensuite Bazira et Ora. Les indigènes s'enfuirent devant lui, et se réfugièrent sur la célèbre roche d'Aornos. Quinte-Curce la décrit comme un cône de rocher, escarpé de tous côtés, défendu à sa base par l'Indus et par des précipices. Arrien la représente comme un massif montagneux de 200 stades (7 lieues 1/2) de tour et 11 stades de hauteur (1,628 mètres), couvert d'une forêt, coupé de terres arables, avec des sources abondantes jusque sur le sommet. Des voyageurs ont cru reconnaître l'Aornos d'Arrien dans le mont Mahabunn, près de la rive droite de l'Indus, à 60 milles ou 24 lieues environ du confluent du Cophen et de l'Indus. Les dimensions du Mahabunn concordent bien avec les chiffres donnés par Arrien, si l'on admet que celui-ci a compté par stades pythiques de 148 mètres.

On racontait qu'Héraclès, fils de Zeus, n'avait pas pu s'emparer de la roche d'Aornos.

Dans l'attente d'un long siège, Alexandre laissa Cratère à Embolima, situé à quelque distance d'Aornos, avec ordre d'y rassembler des vivres, de quoi fournir à l'armée assiégeante. Pour lui, avec des troupes d'élite et armées à la légère, il se dirigea vers la roche.

Il s'en approcha avec précaution, car il la savait défendue par une population nombreuse, et l'accès en paraissait des plus redoutables. Des habitants du pays vinrent lui faire leur soumission, et offrirent de lui servir de guides vers la partie la plus abordable de la roche, d'où

il ne lui serait pas difficile de la prendre. Alexandre confia
à Ptolémée la mission de se saisir de la position que les
Indiens promettaient d'indiquer. Il devait s'en emparer,
avec les Agrianes, les autres troupes légères et une partie
des hypaspistes, et en donner ensuite avis à Alexandre.
Ptolémée, en suivant un sentier étroit et rude, parvint à
échapper à la vue des défenseurs du rocher, et gagna la
position désignée, où il s'empressa de se fortifier; il annonça, en allumant une flamme, qu'il avait réussi. Alexandre mena alors ses autres troupes à l'assaut, mais il fut
repoussé, accident rare dans sa carrière. Il attribua son
échec à ce qu'il n'avait pas combiné son attaque avec
une attaque de Ptolémée.

Il fit dire à ce général de quitter ses retranchements et
d'assaillir les Indiens d'un côté, pendant que lui-même
les aborderait de l'autre. Ce double mouvement réussit.
Mais la roche n'était pas prise encore; de profonds ra-
vins la séparaient de la position occupée maintenant par
Alexandre. Il fit jeter une chaussée, sur laquelle il put
faire avancer des machines, qui criblèrent les barbares
de traits. Ceux-ci n'attendirent pas l'assaut; ils envoyèrent demander à Alexandre une trêve pour négocier une
capitulation. Leur intention était, à la faveur de ces pour-
parlers, d'endormir la vigilance des Macédoniens et de
gagner la nuit pour quitter la roche et s'enfuir, chacun
de leur côté. Alexandre devina leur projet. Il accorda la
trêve, mais il maintint ses soldats sous les armes et sur
leurs gardes. Puis, le soir, quand certains mouvements

sur les pentes du rocher lui annoncèrent que les barbares l'abandonnaient, il gravit lui-même, avec ses troupes les plus légères, jusqu'au sommet. De là il lança ses soldats à la poursuite des Indiens, dont beaucoup périrent dans les précipices.

Cette position d'Aornos était fort importante. Le roi résolut de la conserver ; il en confia la garde à un Indien, Sisicottus, qui s'était anciennement réfugié à Bactra, auprès de Bessus. Alexandre l'avait trouvé en Bactriane, se l'était attaché, et l'avait reconnu fidèle et très utile pour les renseignements sur ces pays de l'Indus.

Après la prise d'Aornos, Alexandre fit encore quelques razzias dans le pays des Assacanes, surtout pour se procurer des éléphants ; puis il descendit le long de l'Indus jusqu'au confluent du Cophen, et rejoignit Héphestion au commencement du printemps de 326.

Arrien met à cet endroit de son récit, ne sachant sans doute où la placer ailleurs, l'occupation de la ville de Nysa, située quelque part, dans cette région, entre la rive gauche du Cophen et la rive droite de l'Indus. Cette ville de Nysa, bâtie au pied du mont Mêros, avait eu l'honneur d'être fondée par Dionysos ou Bacchus, qui lui avait donné le nom de sa nourrice Nysa, et avait appelé la montagne Mêros (en grec, ce mot signifie *cuisse*), parce qu'il avait été porté dans la cuisse de Zeus. Les habitants firent valoir ces étymologies auprès d'Alexandre, donnant pour preuve de séjour de Dionysos chez eux que le lierre, consacré à ce dieu et qui ne vient point ailleurs dans ce

pays, croît en abondance sur le mont Mêros. Alexandre
leur laissa leur liberté, se contentant de prendre avec lui
le fils et le petit-fils de leur roi Acouphis.

Il voulut visiter ce mont Mêros, tapissé de lierre et de
laurier. Il y sacrifia à Dionysos.
Le sacrifice fut suivi d'un grand
banquet avec ses amis. Les soldats
ne fêtaient pas moins le dieu du
vin; toute la montagne retentis-
sait de chants bachiques. « Que
chacun croie ou ne croie pas cela,
il en sera comme il voudra, » dit
Arrien. Cela, en effet, n'est guère
croyable.

Mais il faut remarquer que la
fable d'une expédition de Dionysos
chez les Indiens était ancienne et
fort répandue en Grèce, et que l'i-
magination d'Alexandre le portait
vers les fables religieuses. Ses
soldats étaient encore plus cré-
dules que lui; ils donnaient au

Fig. 38. — Bacchus indien,
publié par Winckelmann.

Paropamisus le nom de Caucase, qui se retrouve probablement dans l'appellation de l'Hindou-Kouch; ils crurent retrouver, dans une gorge sauvage de ce Caucase,
le rocher auquel le titan Prométhée avait été cloué par
l'ordre de Zeus, et où un aigle venait dévorer son foie
sans cesse renaissant. Héraclès tua l'aigle et délivra

Prométhée. Alexandre retrouvait donc là des traces de son grand ancêtre Héraclès. Du reste, ces fables familiarisaient les esprits des soldats avec ces lointaines contrées et les aguerrissaient contre les craintes et les périls de l'expédition.

# CHAPITRE XII.



En arrivant sur l'Indus, Alexandre trouva prêt le pont de bateaux qu'il avait ordonné à Héphestion d'établir sur ce fleuve. Un grand nombre d'autres bateaux avaient été construits au même endroit. Il y trouva aussi les présents de Taxile, 200 talents, 3,000 bœufs, plus de 10,000 brebis, 30 éléphants, 700 cavaliers indiens, et, ce qui valait encore plus, la certitude que le pays et la ville de Taxila étaient ouverts aux Macédoniens.

L'armée réunie sur la rive droite de l'Indus s'élevait, suivant Quinte-Curce, à 120,000 hommes : chiffre peut-être exagéré; elle contenait 45,000 soldats européens environ.

Alexandre fit des sacrifices solennels aux dieux, donna des jeux gymniques et hippiques sur les bords du fleuve. Puis, au mois d'avril 326, l'armée passa l'Indus, qui est large et très profond en cet endroit (en face d'Attok).

La contrée dans laquelle les Macédoniens se trouvaient

est la région des Cinq-Rivières (*Penj-Ab,* cinq eaux, cinq rivières), formée par l'Indus et ses quatre affluents orientaux : l'Hydaspe (Djélam), l'Acésine (Tchenab), l'Hydraotes (Ravi), et l'Hyphasis (Sutledje). On peut croire que les chemins sur lesquels s'avançait le conquérant suivaient à peu près la même direction que la route actuelle de Peschawer à Calcutta. Il s'arrêta quelques jours dans la grande et florissante ville de Taxila. Il y reçut des ambassadeurs d'Abisarès, qui lui apportaient de vagues protestations d'amitié. Le roi, pressé de s'assurer des rivières de cette contrée, et n'ayant pas le temps de faire une expédition dans les montagnes, s'en contenta pour le moment. Il laissa une garnison à Taxila, et, emmenant le roi de cette ville avec lui, il s'avança jusqu'à l'Hydaspe.

Derrière cette rivière se trouvait campé un adversaire très résolu, le roi Porus, qui possédait le pays entre l'Hydaspe et l'Acésine. C'était un ennemi de Taxile. Leur rivalité avait engagé ce dernier à rechercher l'alliance des étrangers. En arrivant au bord de l'Hydaspe, on aperçut l'armée de Porus rangée en bataille sur la rive gauche. On était en juin. Par suite de la fonte des neiges dans les montagnes et des pluies, la rivière était très grosse; il ne paraissait pas possible de la passer devant l'ennemi. Alexandre avait fait venir des bateaux de l'Indus; on les coupait en plusieurs pièces pour les transporter, et on les remontait sur l'Hydaspe. Mais quoique les moyens de passage ne manquassent pas, il était dan-

gereux de le tenter devant un ennemi nombreux, décidé,
sur ses gardes, devant ces éléphants rangés sur le rivage et dont les chevaux macédoniens s'effrayaient.
Alexandre mit tout son art à résoudre ce problème. Il fit
faire, la nuit, des démonstrations en divers endroits par

Fig. 39. — Bords du Djelam (l'Hydaspe) à Srinagar (Cachemir).

sa cavalerie, à grand bruit, comme s'il allait essayer de
traverser. Porus y accourait aussitôt avec ses éléphants;
mais Alexandre restait en bataille sur la rive droite.
Cela arriva plusieurs fois. Porus, voyant que ce n'était
qu'un vain bruit et de vaines menaces, ne se remua plus
pour ces mouvements, se contentant de maintenir des
éclaireurs le long de la rive gauche. Alexandre put donc

espérer qu'il n'aurait pas Porus et toute son armée sur lesbras, lorsqu'il traverserait la rivière, mais c'était toujours à la condition de passer hors de la vue du camp des Indiens. Il fallait dérober le passage.

A 150 stades (ou quatre lieues environ, en comptant par le stade indien de 100 mètres) du camp macédonien et au-dessus, l'Hydaspe faisait un coude ; en face de ce rivage avançant en promontoire et très boisé, se trouvait une île, également couverte de bois. Alexandre pensa qu'à l'abri de ce double rideau, il pourrait masser et transporter un nombre suffisant de troupes sans que l'ennemi s'en aperçût assez à temps pour s'opposer au passage. Il laissa Cratère dans le camp avec sa division de cavalerie, les cavaliers arachosiens et paropamisades, deux divisions de la phalange et les Indiens auxiliaires ; il lui recommanda de ne pas passer avant d'avoir vu Porus se porter du côté où lui, Alexandre, aurait franchi la rivière, mais alors de passer avec assurance. A peu près à moitié chemin du camp à l'île, il plaça Méléagre, Attale et Gorgias, avec les cavaliers et les fantassins mercenaires, en leur prescrivant de passer, quand le combat entre lui et Porus serait engagé. Pour lui, avec l'escadron royal, les divisions de cavalerie d'Héphestion, de Perdiccas, de Démétrius, les cavaliers auxiliaires sogdiens, bactriens et scythes, les hypaspistes, deux divisions de la phalange, les archers et les Agrianes, il prit par un chemin éloigné du fleuve pour dérober son mouvement à la vue de l'ennemi, car on se voyait facilement d'une rive à l'autre, et

dirigea le soir ses troupes sur le point choisi pour le passage. Là, on acheva rapidement les préparatifs pendant la
nuit, rajustant les bateaux, disposant les outres qui devaient servir pour les radeaux. Un orage éclata, qui eut
du moins l'avantage de couvrir le bruit de ce travail, lequel se poursuivit au fracas du tonnerre, à la lueur des
éclairs et sous des torrents de pluie. On prétend qu'A-
lexandre, qui présidait à tout, sous l'orage, s'écria :

« Athéniens, croiriez-vous qu'on s'expose à de telles
fatigues pour mériter vos éloges! »

Au jour, Alexandre, plaçant ses cavaliers sur des radeaux, ses fantassins sur des bateaux, passa l'Hydaspe.
L'île masqua l'embarquement, mais quand la flottille eut
dépassé l'île, elle fut aperçue par des cavaliers, mis en
vedette sur la rive opposée; ceux-ci de toute la vitesse
de leurs chevaux coururent annoncer à Porus que les Macédoniens passaient la rivière. Le lit de l'Hydaspe est
en cet endroit irrégulier, coupé d'îles. Les soldats, sans
s'en douter, débarquèrent sur une île, qu'un étroit canal
séparait de la terre ferme; ce n'était, en temps ordinaire,
que comme un ruisseau insignifiant qui n'eût pas fait obstacle; mais, grossi par la pluie, il roulait impétueusement;
les Macédoniens perdirent du temps à chercher un gué;
enfin, ils passèrent, ayant de l'eau jusqu'aux aisselles.
Alexandre, laissant son infanterie se former sur le rivage,
se porta en avant avec la cavalerie. Il rencontra presque
aussitôt un gros de cavaliers ennemis; c'était le fils de
Porus, qui accourait avec 2,000 hommes. Cette faible

troupe ne pouvait rien contre les Macédoniens; elle fut dispersée et le fils de Porus fut tué. Porus apprit par ses cavaliers fugitifs que son fils était mort et que les Macédoniens, en force sur la rive gauche de l'Hydaspe, marchaient à lui. Il laissa quelques troupes dans son camp, en face du corps d'armée de Cratère, et s'avança à la rencontre de l'ennemi. Quand il eut trouvé une position favorable, il arrêta ses soldats et les rangea en bataille. Il plaça sur son front ses 200 éléphants, et, des deux côtés de ces animaux, ses chars de guerre. Son infanterie, au nombre de 30,000 hommes, se rangea derrière les éléphants; ses 4,000 cavaliers se placèrent par moitié aux deux ailes.

Alexandre donna à son infanterie le temps de le rejoindre et la laissa reposer. Il engagea le combat avec ses troupes légères, et sa cavalerie, se jetant sur l'aile gauche de l'ennemi, qui était faible parce que Porus avait peu de cavaliers. La cavalerie macédonienne, lancée sur le flanc de l'infanterie indienne, y porta le désordre. Les chars de guerre de Porus, quoique nombreux, furent de peu d'effet; ils s'embourbaient dans le sol, détrempé par la pluie de la nuit précédente; les troupes légères des Macédoniens, beaucoup plus alertes, en eurent raison sans peine. Ses éléphants ne lui rendirent guère plus de services : criblés de dards, ils se rejetaient effrayés dans les rangs des Indiens, plus dangereux à ceux-ci qu'à l'ennemi; l'infanterie de Porus, déjà troublée, ne pouvait résister au choc de la phalange; pour comble de malheur, Cratère, qui venait à son tour de passer l'Hydaspe, parut derrière elle. Elle succomba, mais non sans une honorable résistance ; on dit qu'elle perdit 20,000 hommes.

Porus, monté sur un éléphant, et distingué de plus par sa taille colossale, donnait à ses soldats l'exemple du courage. Tant qu'il lui resta quelques hommes pour lutter, il lutta bravement avec eux. Un autre de ses fils fut tué. Enfin, blessé à l'épaule, voyant son armée complètement écrasée ou en déroute, il voulut quitter le champ de bataille ; mais il était enveloppé par les cavaliers macédoniens. Alexandre, admirant son courage, désirait le sauver ; il lui envoya Taxile pour l'engager à se rendre. Porus, à la vue de son rival, brandit son dard pour l'en percer ; Taxile se retira prudemment. Alexandre alors lui envoya un autre Indien, Méroé, de ses anciens amis. Cette fois, Porus écouta, descendit de son éléphant, but de l'eau, car il était accablé de soif, et demanda à être conduit devant Alexandre. Le roi s'avança au-devant de lui ; il le trouva calme et ferme dans son malheur. Il lui demanda, ou lui fit demander par un interprète, ce qu'il désirait : « Que tu me traites en roi », répondit Porus. « En roi » pouvait s'entendre d'Alexandre comme de Porus. Le premier insista pour que son prisonnier fût plus explicite. Porus dit que tout était dans ce mot « royalement, βασιλικῶς », car c'est ainsi que le mot que l'on traduit par *en roi* se trouve rapporté dans le grec. Alexandre, en effet, traita royalement Porus, il lui laissa ses États, les agrandit même ; Porus, de son côté, fut un vassal fidèle.

Les Indiens perdirent 20,000 hommes de pied et 3,000 cavaliers, tous leurs chariots, qui furent brisés, leurs éléphants, qui furent tués ou pris. Les deux fils de Porus périrent. Alexandre, dit-on, ne perdit que 80 fantassins, 10 archers à cheval, 20 cavaliers des hétaires, et environ 200 des autres cavaliers. Il bâtit une ville à l'endroit où la bataille s'était donnée, et une autre là où il avait passé le fleuve. Il appela l'une (sur la rive gauche) Nicéa, à cause de sa victoire, et l'autre (sur la rive droite) Bucéphalie, en l'honneur de son cheval Bucéphale, qui mourut sur les bords de l'Hydaspe, non pas d'une blessure reçue dans le combat, mais de fatigue et de vieillesse. Arrien dit qu'il avait environ trente ans, ce qui lui donnerait le même âge qu'à son maître.

Après avoir enterré les morts, fait des sacrifices aux dieux et célébré des jeux à l'endroit où ses soldats avaient pris pied au passage de l'Hydaspe, il laissa Cratère avec une partie de l'armée sur les bords de cette rivière, et poursuivit sa route, allant toujours de l'avant avec sa cavalerie. Sa victoire et la reddition de Porus lui donnaient en bonne partie le territoire entre l'Hydaspe et l'Acésine; il conquit rapidement le reste, et il le remit à Porus, qu'il réconcilia avec Taxile. Celui-ci fut renvoyé dans ses États. Le roi Abisarès avait jusque-là penché pour Porus; la victoire de l'Hydaspe le décida pour le vainqueur, il fit sa soumission.

Alexandre arriva à la troisième rivière du Penjab, l'Acésine (Tchenab). La rivière était large et rapide;

mais il n'y avait personne pour défendre la rive opposée. Un second Porus, qui régnait sur ce pays, s'était enfui au delà de l'Hydraote. Alexandre traversa l'Acésine, donna les États du second Porus au premier, et s'avança, sans trouver de résistance, jusqu'à la quatrième rivière,

Fig. 40. — Éléphants de guerre.

l'Hydraote (Ravi), qu'il passa également sans opposition. Plus loin, il rencontra une vaillante peuplade, celle des Cathéens, qui osa lui tenir tête. Ces braves gens se battirent résolument devant leur ville de Sangala. Rejetés dans la ville, ils y furent forcés par les Macédoniens, qui en firent un grand carnage : 17,000 périrent, et 70,000 tombèrent au pouvoir des vainqueurs. De plus, la ville fut détruite. Le sort de cette grande et florissante cité effraya les tribus voisines, dont plusieurs s'enfuirent au loin.

Les Macédoniens leur donnèrent la chasse, et arrivèrent ainsi jusqu'à la cinquième rivière du Penjab, l'Hyphasis (Sutledge). On parlait d'un riche pays au delà. Le roi était décidé à traverser l'Hyphasis, à atteindre le Gange, qu'il se proposait de descendre jusqu'à la grande mer orientale. Ses soldats ne se montrèrent pas disposés à le suivre. Ils faisaient campagne dans la saison des pluies; ils étaient fatigués, et, outre leur lassitude, ils avaient une sorte de terreur de ce monde inconnu où voulait les mener l'infatigable et hardi conquérant; ils ne se sentaient pas la résolution d'aller plus loin.

Seul, Alexandre persistait : il eut beau haranguer ses soldats avec une éloquence passionnée, faire briller à leurs yeux la gloire de découvrir ces pays où aucun Grec n'avait pénétré, ils ne se révoltèrent pas, mais ils restèrent silencieux et fixés dans leur attitude d'abstention; ils ne voulaient pas dépasser l'Hyphasis. Un des vieux généraux, Cœnus, parlant pour tous, supplia Alexandre de se rendre aux désirs, aux prières, aux larmes de ses soldats. Le roi irrité dit qu'il ne forçait personne à le suivre, mais qu'il se trouverait des soldats qui iraient avec lui; les autres pouvaient s'en retourner chez eux et annoncer qu'ils avaient abandonné leur roi au milieu des ennemis. Puis il s'enferma dans sa tente, pendant trois jours, sans parler à personne, pas même à ses amis les plus familiers, attendant s'il ne se ferait pas quelque changement dans les

sentiments de l'armée. Voyant ses soldats immuables, et
après avoir consulté par des sacrifices les dieux, qui, dit-on,
ne se montrèrent pas favorables à la continuation de l'entreprise, il annonça, à l'immense satisfaction de l'armée,
qu'il renonçait à aller plus loin. Par ses ordres, les soldats
érigèrent, sur la rive droite de l'Hyphasis, douze autels
gigantesques, ou plutôt douze grandes tours, pour mar-
quer les limites de l'expédition.

Il revint à l'Hydaspe, en repassant les cours d'eau
qu'il avait précédemment traversés, et donna à Porus
toute la contrée entre cette rivière et l'Hyphasis.

# CHAPITRE XIII.



En arrivant sur l'Hydaspe, Alexandre trouva que Cratère avait bien exécuté ses ordres. Une flotte nombreuse
l'y attendait, qu'il augmenta encore. N'ayant pas pu
aller par le Gange rejoindre la grande mer au levant, il
voulait au moins descendre sur l'Indus jusqu'à cette
même mer au couchant. Comme il avait vu des croco-
diles dans ce fleuve, il avait eu d'abord, sur cet indice
et sur quelques autres, l'idée fort étrange que l'Indus,
parcourant de vastes déserts, allait sortir dans l'Éthiopie
et l'Égypte sous le nom de Nil et se jeter dans la Méditerranée. Il se croyait aux sources du Nil. Des renseignements plus exacts le firent promptement revenir
sur cette singulière opinion. Il apprit que l'Indus se
jetait dans la mer Indienne. L'exploration de tout le

cours inférieur de ce fleuve était déjà dans ses projets lorsqu'il laissa Cratère sur les bords de l'Hydaspe. Maintenant qu'il n'espérait plus atteindre le Gange, il se rattachait à cette dernière idée avec plus de force que jamais. Il lui arriva en ce moment de nombreux renforts d'Europe ainsi que 25,000 armures complètes. Sa flotte se composait de 80 grandes galères, de beaucoup de galères de moindres dimensions et de bateaux de transport de toutes sortes, en somme, de près de 2,000 vaisseaux. L'Hydaspe, avant de se jeter dans l'Indus, reçoit successivement les trois autres rivières du Penjab; de sorte que la flotte, avant d'arriver au confluent de l'Hydaspe et de l'Indus, devait passer devant les confluents de l'Acésine, de l'Hydraote et de l'Hyphasis.

Au commencement de novembre 326, l'armée se mit en mouvement. Alexandre, avec les hypaspistes, que l'on nommait aussi argyraspides, depuis qu'ils avaient des lames d'argent sur leurs boucliers, les archers, les Agrianes et l'escadron royal, s'embarqua sur la flotte, dont il avait confié le commandement à Néarque, un officier des plus capables. Onésicrite, son futur et peu exact historien, conduisait la galère royale. Le reste de l'armée allait par terre, formant deux grandes divisions, l'une sur la rive droite, sous les ordres de Cratère, l'autre sur la rive gauche, sous les ordres d'Héphestion. C'est ainsi que toute l'armée s'avançait sans danger, car les deux divisions, quoique séparées par l'Hydapse, étaient réunies par la flotte portant la division du centre.

Aucune des populations de la vallée de l'Indus ne
pouvait évidemment résister à une pareille force. Il fallait
se rendre. Les Oxydraques, les Malliens, situés au-dessous
du confluent de l'Hydaspe et de l'Acésine, essayèrent
pourtant de se soustraire à cette nécessité. Alexandre ne
souffrait aucune résistance; il marcha à la ville des Malliens, où beaucoup des gens du pays s'étaient réfugiés.
Après quelques combats, il arriva sous les murs très
faibles de cette ville, dont les habitants se sauvèrent dans
la citadelle, qui était un peu mieux fortifiée. Alexandre
se jeta des premiers dans la ville, en enfonçant une po-
terne et poussa à la citadelle. Ses soldats le rejoignirent.
Trouvant qu'ils abordaient l'assaut avec hésitation, il
arrache une échelle des mains des soldats, l'applique au
mur et monte, suivi de son écuyer Peucestas, qui dans
les combats portait devant lui le bouclier d'Ilion, et de
Léonnat, un des gardes du corps; un soldat d'élite nommé
Abréas monte en même temps par une autre échelle.
Alexandre, avec ses compagnons, prit pied sur le rempart, en tuant ou écartant les défenseurs à coups d'épée;
mais là, il se trouva exposé aux traits qui des tours pleu-
vaient sur lui. Les hypaspistes, voyant le roi courir un
tel danger, se précipitent sur l'échelle pour monter après
lui; mais l'échelle surchargée rompt. Il en arrive autant
de l'échelle d'Abréas. Alexandre, en butte à tous les
traits, saute audacieusement dans la place. Là, s'adossant
au mur, il s'escrime vigoureusement, perçant de son
épée ceux qui osent l'approcher; il en avait renversé

plusieurs. Les Indiens, intimidés, se tenaient à distance, mais continuaient de lancer contre lui leurs flèches, leurs dards, auxquels il opposait son bouclier. Peucestas, Léonnat, Abréas, qui avaient, après lui, sauté de la muraille, s'efforçaient de le protéger. Abréas tomba, percé d'une flèche au visage. Lui-même fut frappé d'une flèche, qui traversa sa cuirasse et s'enfonça dans sa poitrine au-dessus du sein. Il continua d'abord de combattre, malgré sa souffrance, mais la perte du sang amena une défaillance, et il tomba, penché sur ses armes. Peucestas et Léonnat, se jetant devant lui, le couvrent de leurs boucliers. Cependant, les soldats se poussaient contre la muraille, et, faute d'échelles, enfonçaient des pieux dans le mur d'argile, ou se hissaient les uns sur les autres. Quelques-uns atteignent le haut du rempart, sautent dans la place, repoussent les assaillants d'autour du roi, ouvrent une des portes à leurs camarades, qui font irruption dans la citadelle; elle est prise. Les soldats, furieux de la blessure de leur roi qu'ils croyaient mortelle, égorgèrent toute la population, sans épargner ni femmes ni enfants.

On emporta Alexandre. Il fallut, pour retirer la flèche, élargir la plaie, ce qui amena une grande effusion de sang et une nouvelle syncope. On crut le roi mourant. Cependant, il se rétablit assez vite; mais, durant sept jours, il dut garder un repos complet. Les soldats, qui ne le voyaient plus, étaient consternés. L'idée de se trouver à cette distance, privés de leur chef, au milieu de nations ennemies, les remplissait d'effroi ; ils finirent par le croire mort. Alors leur douleur tumultueuse devint si bruyante, qu'Alexandre dut faire approcher sa galère du rivage, et écarter les rideaux de sa tente, pour qu'on l'aperçût couché sur son lit. Ce ne fut pas assez. Les soldats ne se montrèrent rassurés que lorsqu'ils le virent se promener à cheval dans leur camp.

Les résultats de son insigne témérité ne corrigèrent pas Alexandre de sa manie de guerroyer sans cesse. Il fallut que les nations de l'Indus se rendissent ou fussent écrasées. Les Oxydraques et les Malliens se rangèrent sous sa puissance ; Philippe leur fut donné pour satrape.

La flotte continua de descendre les rivières réunies jusqu'à leur confluent avec l'Indus. Elle reçut, sur sa route, la soumission des Abastémiens, des Ossadiens et des Xathriens. Au confluent des rivières réunies et de l'Indus, Alexandre fit bâtir une ville avec des bassins, des magasins, laquelle devait être un entrepôt commercial et recevoir une garnison.

Maintenant, la flotte descendait le grand Indus. La principale partie de l'armée suivait la rive gauche du fleuve, où les chemins étaient meilleurs, et où il y avait plus de peuplades à réduire. Le roi établit une colonie dans le pays des Sogdes. La nouvelle ville reçut le nom d'Alexandrie et servit de résidence à Pithon, nommé satrape de la contrée qui s'étend depuis la réunion des rivières jusqu'à la mer.

A cet endroit du fleuve, l'armée se sépara ; un tiers à

peu près, sous les ordres de Cratère, retourna directement dans l'intérieur de l'empire. Cratère emmenait les
éléphants dont Alexandre s'était plu à rassembler un
grand nombre dans sa campagne du Penjab et de l'Indus.

Fig. 41. — Paysage de la vallée de l'Indus.

Il devait, par le pays des Arachosiens, se rendre dans la
Carmanie. Sa marche, qui se fit à loisir d'abord dans le
sud de l'Afghanistan, par le défilé appelé passage de Bo-
lan, puis dans la vallée de l'Helmund, enfin par le pla-
teau qui s'étend entre l'Arachosie et la Carmanie, ne

semble pas avoir été très pénible, et ne fut marquée par aucun grave incident. Il n'en fut pas de même de la marche du reste de l'armée.

En descendant toujours l'Indus, on arriva dans le royaume de Mussicanus. Ce prince se soumit après quelque hésitation; mais les brachmanes excitèrent des révoltes, ou plutôt des résistances nationales, qui n'avaient d'autre tort que de ne pas avoir la force pour elles. Mussicanus s'y joignit, fut battu, pris et pendu avec un grand nombre de brachmanes. Alexandre attribuait la révolte surtout à ces prêtres; il les traita fort durement. Oxycanus, un autre roi, périt en défendant sa ville.

Une des choses qui frappèrent le plus les Macédoniens dans l'Inde fut cette classe sacerdotale des brachmanes. Ils s'étonnèrent particulièrement à la vue de ceux de ces prêtres qui menaient une vie ascétique, et se livraient à d'incroyables austérités et mortifications. Onésicrite en trouva quinze qui se tenaient du matin au soir dans la même posture, nus, exposés aux rayons brûlants du soleil. Les Grecs prirent de là l'habitude de donner à ces ascètes ou *yoguis* le nom de philosophes nus, gymnosophistes. Bien avant les derniers événements que l'on vient de rapporter, Alexandre avait désiré en voir quelques-uns. On dit qu'il reçut de l'un d'eux cette juste leçon : « Alexandre, tu ne diffères des autres hommes qu'en ce que tu es plus remuant et plus ambitieux, et que tu cours toute la terre te donnant du mal et en faisant aux autres. Mais enfin tu mourras et tu n'occuperas pas plus d'espace qu'il n'en faut pour ta sépulture. » Un de ces yoguis, Calanus, eut la curiosité de suivre Alexandre.

La flotte arriva au sommet du delta de l'Indus, vers la fin de juillet 325, neuf mois après son départ de la station de l'Hydaspe.

Au point où le fleuve se partage en deux grandes branches, se trouvait la ville de Pattala, qui parut au conquérant éminemment propre à une grande station maritime, militaire et commerciale. Les habitants, frappés de terreur à son approche, s'étaient enfuis. Alexandre tâcha de les ramener par de bons traitements. Il fit immédiatement mettre les travaux en train, creuser un port, construire des chantiers, des arsenaux; Héphestion resta pour présider à ce travail. Le roi se mit à explorer les bouches de l'Indus, commençant par la branche occidentale. La navigation dans cette partie du fleuve présentait des dangers, surtout à cause du flux et du reflux de la mer que les Grecs ne connaissaient pas, du moins à ce degré, et qui, la première fois, les prit au dépourvu et mit la flotte dans un complet désarroi. Mais les Grecs étaient trop bons marins pour ne pas se familiariser très vite avec ce phénomène et y conformer leurs manœuvres. Les vaisseaux débouchèrent enfin dans cet océan Indien, inconnu des Grecs, ou sur lequel ils n'avaient que des notions fabuleuses. Ce fut un moment solennel et grand; Alexandre le sanctifia par de nombreux sacrifices aux dieux, particulièrement au dieu de la mer, à Poseidon.

Il revint à Pattala, satisfait et plein de l'idée d'établir des communications navales entre l'Indus et l'Euphrate. Il visita la branche orientale avec le même soin que l'occidentale ; elle lui parut même plus favorable que la première pour recevoir à son extrémité un grand établissement maritime. Il traça et fit commencer immédiatement à cet endroit la construction d'un port. Le pays situé entre les deux branches, et qui forme comme l'île de Pattala, fut aussi exploré.

Alexandre revint ensuite à Pattala, afin de faire ses dispositions pour le retour en Perse. Tout ce qu'il y avait de meilleur dans sa flotte, de plus propre à une navigation difficile, fut mis sous les ordres de Néarque, qui dut descendre l'Indus jusqu'à la mer, et suivre ensuite les côtes de la mer des Indes jusqu'au golfe Persique. Alexandre devait faire par terre le même chemin. Comme les vents étésiens soufflaient encore de l'ouest (mousson d'été), Néarque fut obligé d'attendre, pour prendre la mer, que le vent soufflât de l'est (mousson d'hiver), ce qui ne commence que vers la fin d'octobre. Alexandre n'avait pas la même raison de retarder son départ. Il quitta Pattala au commencement de septembre, en y laissant une garnison.

Il traversa d'abord le pays des Arabites, qui habitaient les bords du fleuve Arabius (Someany), et le conquit, puis celui des Orites, qu'il réduisit également. Il entra ensuite dans la Gédrosie. C'était une province de l'empire perse, et depuis près de cinq ans elle était soumise, au moins

en partie, aux Macédoniens. En la traversant, il n'eut pas
d'ennemis à combattre, mais la nature du sol lui créa les
plus grands obstacles. Tout ce littoral de la Gédrosie,
jusque bien avant dans l'intérieur du pays, est un désert
sablonneux, aride, sans eau, et il y avait soixante journées
de marche de la frontière des Orites à Pura, capitale de la
Gédrosie. Jamais l'armée n'avait tant souffert : fatigue,
soif, faim, privations de toute sorte, maladies qui suivent
la famine, tout se réunissait contre elle. C'est un prodige
qu'elle n'y périt pas tout entière. Dans cette marche
désastreuse, Alexandre montra son énergie ordinaire : il
donna les ordres les plus pressants pour que des secours
vinssent des provinces voisines.

L'armée, après avoir jonché de ses morts toute cette
longue route, arriva enfin à Pura; elle y trouva le repos
et assez de vivres, et s'y rétablit. Elle atteignit ensuite la
Carmanie, où Cratère était arrivé de son côté, avec son
corps d'armée et les éléphants. Les vivres envoyés par
les satrapes voisins, ou recueillis dans la Carmanie, af-
fluaient. L'abondance succédait à une affreuse détresse.
Cette marche dans la Carmanie fut donc fort différente
de la route dans les déserts de la Gédrosie. Mais il paraît
que plusieurs historiens anciens ont fort exagéré en la
représentant comme une bacchanale perpétuelle, dont
Alexandre donnait l'exemple, voulant sans doute que son
retour de l'Inde ressemblât à celui du dieu Bacchus.
« Il fit donc joncher les chemins de fleurs et de guirlandes, dit Quinte-Curce. Il ordonna qu'à toutes les portes

des maisons on tînt prêtes force tasses pleines de vin, et qu'à tous les carrefours il y eût des tonneaux ouverts, où l'on pût puiser largement à boire. Après, il fit équiper des chariots capables de porter beaucoup de gens et les fit couvrir, en forme de tentes, les unes de fin lin, et les autres de riches tapis. Les amis du roi venaient les premiers avec des couronnes de fleurs sur la tête. Le roi était au milieu d'eux, sur un char magnifique, chargé de flacons et d'autres vases d'or; on entendait d'un côté le son des flûtes, de l'autre le son de la lyre. Sur des voitures plus ou moins parées, selon les moyens de chacun, venaient les soldats, buvant, mangeant; leurs plus belles armes pendaient aux voitures. Ainsi, pendant sept jours s'avança l'armée, se livrant à tous les excès bachiques. » Arrien dit que ni Ptolémée, ni Aristobule, ni aucun auteur digne de confiance n'a parlé de ce triomphe en forme de bacchanale, et il n'y croit point.

Dans une ville de la Carmanie où il faisait séjour, Alexandre vit accourir le gouverneur perse d'un district du littoral, lui annonçant l'arrivée de Néarque avec sa flotte, à Harmozia (Ormuz), à l'entrée du golfe Persique, à cinq marches de là. Alexandre fut très heureux de cette nouvelle; mais comme, les jours suivants, rien ne vint la confirmer, comme Néarque ne parut pas, et que des gens envoyés à sa rencontre ne le trouvèrent pas, Alexandre crut à une supercherie du gouverneur et le fit mettre aux fers. Il envoya cependant de nouveaux éclaireurs sur la route de la mer, pour pousser plus loin les recherches. Ces gens rencontrèrent une petite troupe d'hommes fatigués et en apparence dans le dénuement. Ceux-ci leur demandèrent si le roi ne se trouvait pas dans une ville voisine, et s'ils suivaient bien le chemin qui y menait. Les éclaireurs leur répondirent affirmativement, et déjà ils s'éloignaient, quand un des survenants, les rappelant, leur dit qu'il était Néarque avec quelques compagnons. Tous étaient si changés par le voyage que leurs camarades ne les avaient pas d'abord reconnus. On se hâta de les conduire au roi. Quand Alexandre vit arriver Néarque dans cet état, il crut que toute sa flotte avait péri. Néarque s'empressa de le rassurer, et lui raconta son voyage : récit que le roi écouta avec le plus vif intérêt.

Néarque était parti du port d'Alexandrie, à l'extrémité orientale de l'Indus, vers le 20 octobre 325. Comme la mousson n'était pas complètement changée, il avança d'abord très lentement. La flotte jeta successivement l'ancre dans plusieurs localités, dont on ne peut pas identifier les noms avec des noms modernes, et arriva à l'embouchure du fleuve Arabius. Elle s'avança ensuite de l'Arabius à Pagala et de Pagala à Rabana. Entre ces deux stations, elle perdit dans une tempête deux galères et un vaisseau de transport. De Rabana, Néarque navigua jusqu'à Kokala, où il débarqua ses hommes et forma un camp sur le rivage. Il y resta dix jours, occupé à réparer ses vaisseaux. Dans l'intervalle, il entra en communication avec Léonnat, laissé en arrière pour soumettre les Orites. Ce général lui fournit des vivres et des soldats pour remplacer ceux de ses hommes qui ne semblaient pas propres à une plus longue navigation. Depuis cette époque jusqu'à son arrivée sur la côte de Carmanie, il resta sans nouvelles de l'armée. Il n'eut qu'à compter sur lui-même pour surmonter les difficultés d'une navigation dans des parages inconnus, et les embarras que lui causait le mécontentement de ses équipages. Le courage avec lequel il affronta le danger, alors nouveau, d'une rencontre avec les baleines, et les mystérieux périls d'une île où l'on ne pouvait pas, disait-on, aborder sans périr, montrent une rare fermeté d'esprit.

De Kokala, il s'avança jusqu'à la rivière Tomérus, où il s'arrêta pendant six jours, pour réparer ses vaisseaux. Là, il eut à repousser une attaque des indigènes, race sauvage qui avait les ongles longs et tranchants comme des griffes. Puis, il suivit toute la côte de la Gédrosie. Elle était habitée par les Ichtyophages (mangeurs de poissons), lesquels se nourrissaient presque uniquement de poisson : coutume qui s'est, du reste, perpétuée sur une partie du littoral du Béloutchistan. Avec du poisson séché et pulvérisé, ils faisaient une sorte de pain, et ils nourrissaient de poisson sec même le rare bétail qu'ils possédaient. Dans un village de pêcheurs appelé Mosarna où il relâcha, Néarque trouva un pilote qui connaissait la côte de la mer Indienne jusqu'au golfe Persique, et qui se chargea de conduire la flotte. Néarque franchit dès lors chaque jour une plus grande distance, mais ses hommes eurent beaucoup à souffrir de la disette. Enfin,

après quatre-vingts jours et trois cents lieues environ de
navigation, il atteignit l'embouchure du fleuve Aramis
(Ibrahim), dans la fertile région d'Harmozia, qui a donné
son nom à l'île d'Ormuz. Là, il rencontra un soldat grec,
qui lui apprit que l'armée d'Alexandre était à cinq
marches. Il résolut de se rendre auprès du roi, et ne prit
que le temps d'établir un campement pour ses hommes.
Le gouverneur de la province crut se rendre agréable

Fig. 12. — Galère grecque.

en courant, par des chemins de traverse, porter la nouvelle au roi; on a vu que son zèle fut tristement ré-
compensé. Néarque, après avoir établi ses hommes
dans un camp fortifié, partit. Nous avons dit comment il
rencontra en route des éclaireurs qui le cherchaient,
et comment il fut mené au roi. Il trouva le malencon-
treux messager enchaîné, et obtint sans peine sa mise en
liberté.

Le salut de la flotte et la conduite de Néarque causèrent
au roi une vive satisfaction, qu'il exprima d'une manière

émue et même avec des larmes. Après avoir donné à
son amiral des éloges bien mérités, il le renvoya conti
nuer, le long du rivage persan, son exploration de
la mer Érythrée ou golfe Persique, tandis que lui-
même allait poursuivre sa marche dans l'intérieur de
l'empire.

# CHAPITRE XIV.



Dans la Carmanie, l'armée fut rejointe par Cléandre avec la division laissée à Ecbatane. C'est ce Cléandre qui avait tué Parménion sur l'ordre d'Alexandre. Comptant sur la faveur que devait lui mériter un tel service, il avait commis beaucoup d'actes arbitraires et criminels. Alexandre le fit mourir ainsi qu'un grand nombre de ses compagnons.

Le roi avait alors sept gardes du corps (nous avons dit que c'étaient plutôt des aides de camp que des gardes) : Léonnat, Héphestion, Lysimaque, Aristonoüs, Perdiccas, Orontès, Ptolémée et Pithon : il en ajouta un huitième, Peucestas, qui l'avait vaillamment suivi dans l'assaut contre les Malliens, et auquel il destinait la satrapie de la Perse.

On était vers la fin de janvier 324. Héphestion fut chargé de conduire en Perse, en suivant la région maritime, la plus grande partie de l'armée, les bêtes de somme, les éléphants. Le roi, avec les hétaires et l'infanterie légère, prit la route la plus courte, à travers les montagnes, pour se rendre à Pasargades et à Persépolis.

Il ne trouva pas, pour le recevoir, Phrasaortès, le satrape qu'il avait nommé ; celui-ci était mort pendant qu'Alexandre guerroyait dans l'Inde. Un grand seigneur perse, Orxinès, s'était chargé de gouverner cette importante satrapie. Il avait pris de lui-même ce grand emploi, sans doute dans la seule intention de maintenir le bon ordre. Il se peut toutefois qu'Alexandre lui ait su peu de gré de son zèle.

A Pasargades, le roi s'aperçut que la sépulture de Cyrus avait été violée et pillée. On avait forcé la porte de la chambre sépulcrale, retiré le corps du coffre d'or qui le contenait, et sans doute enlevé divers objets qui se trouvaient près de la couche funéraire ; mais on n'avait pu emporter le coffre d'or ; le corps, dans ce pillage, avait été endommagé. Le roi fut très irrité de cette profanation. Il chargea Aristobule de remettre, autant que possible, les choses en état, et de réparer les dommages faits au tombeau, puis d'en murer la porte. Les prêtres attachés au service du monument furent mis à la question, mais sans qu'on pût leur faire révéler les auteurs du pillage, qu'ils ignoraient probablement.

En arrivant à Persépolis, Alexandre vit les traces de l'incendie allumé par ses ordres six ans plus tôt ; il en eut du remords. Plus que jamais il était décidé à ménager

les indigènes, à les traiter avec justice, à respecter leurs
coutumes, à faire droit à leurs griefs. Des plaintes contre
Orxinès vinrent l'assaillir aussitôt. On l'accusait d'avoir
fait périr arbitrairement plusieurs personnes; on lui
attribuait le pillage du tombeau de Cyrus, d'où il aurait
enlevé de grands trésors; on lui reprochait d'autres faits
du même genre. Le roi ordonna de le mettre à mort.
La culpabilité du malheureux satrape est restée douteuse.
Peucestas lui succéda dans le gouvernement de la Perse.

Cet officier était
en grande faveur
auprès du prince,
il avait adopté le
costume, les ma-
nières des Perses,
il avait appris leur
langue. Cette con-
duite, qui plaisait

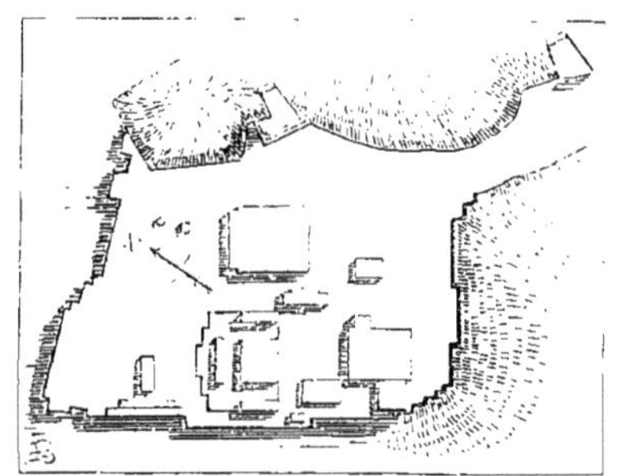

Fig. 43. — Plan général de la citadelle de Persépolis.

au roi, le rendait certainement propre à administrer les
indigènes.

De Persépolis, Alexandre se rendit à Suse. Là, Néarque,
qui était arrivé à l'embouchure du Pasitigris ou Euléus,
vint lui raconter la seconde partie de sa difficile navigation. Le roi lui fit oublier ses fatigues dans de brillantes
fêtes. Des sévérités se mêlèrent aux réjouissances. Pendant cette longue absence du roi, à l'extrémité orientale
de l'empire perse, les gouverneurs des provinces, ne se
sentant plus surveillés par l'œil du maître, croyant qu'il

périrait dans ces expéditions lointaines, avaient pris des allures de despotes indépendants. Plusieurs s'étaient rendus coupables de beaucoup d'exactions, de beaucoup d'actes vexatoires, oppressifs, cruels. Alexandre voulait que les peuples conquis fussent régis avec équité : il punit sévèrement ces abus de pouvoir, qu'il regardait comme des attentats contre son autorité suprême. Abulite, gouverneur de la Susiane, son fils Oxathrès, furent mis à mort, et l'on prétend même que le roi tua Oxathrès de sa main. D'autres exécutions eurent lieu. Nous n'avons pas les moyens d'apprécier la justice de ces actes. Quelques exemples peuvent avoir été nécessaires ; mais il est impossible de ne pas regretter de voir le bourreau apparaître ainsi dans les fêtes d'Alexandre, à son retour de l'Inde, ou, ce qui est pire, de le voir se faire bourreau lui-même.

Tous les satrapes qui avaient pris des mercenaires à leur solde durent les licencier. Harpalus, gouverneur ou intendant de Babylone et de la Syrie, effrayé, prit la fuite, emportant la somme considérable de 5,000 talents et emmenant une troupe nombreuse de mercenaires. Il essaya de se faire admettre dans Athènes, et de pousser cette ville à la guerre contre la Macédoine. L'asile lui fut refusé, et, quelque temps après, il périt obscurément, tué par un des siens, le Lacédémonien Thimbron. Le commandant militaire de Babylone, Apollodore d'Amphipolis, effrayé, lui aussi, consulta par lettre son frère Pithagoras, habile devin, et lui demanda ce qu'il avait à craindre d'Héphestion et d'Alexandre ; le devin examina d'abord, à l'intention d'Héphestion, les entrailles d'une victime, et s'aperçut que le lobe du foie manquait. Il fit le même examen sur une autre victime, au sujet d'Alexandre, et vit que le lobe du foie manquait aussi. Il répondit donc à son frère qu'il n'avait rien à redouter ni de l'un ni de l'autre, qu'ils mourraient bientôt tous les deux. Il est à remarquer qu'Alexandre, après la mort d'Héphestion, connut la curiosité d'Apollodore et qu'il ne la punit pas.

Parmi les fêtes propres à distraire l'armée, se plaça le singulier spectacle de la mort volontaire de Calanus. Le vieux sage, âgé de plus de quatre-vingts ans, se trouvant fatigué, malade, résolut de se brûler, comme on le faisait quelquefois dans son pays, plutôt que de subir les atteintes d'une longue maladie. Alexandre essaya vainement de le détourner de ce projet; voyant qu'il n'y réussissait point, il voulut du moins qu'il s'exécutât avec toute la magnificence qui pouvait honorer un dessein si extraordinaire. Il chargea Ptolémée de surveiller les préparatifs. Il donna un de ses plus beaux chevaux pour porter le vieil ascète, des coupes d'or et d'argent pour les libations, de riches étoffes pour étendre sur le bûcher. Lui-même ne voulut pas se trouver au spectacle de la mort d'un ami; mais l'armée y assista.

Le vieux Calanus, trop faible pour se tenir à cheval, fut porté au bûcher sur une litière; il s'était mis une couronne de fleurs sur la tête, et il chantait des hymnes aux dieux dans la langue indienne. Arrivé devant le bûcher, il donna à son ami Lysimaque le cheval qu'il avait reçu d'Alexandre ; à d'autres amis, il distribua les coupes, les étoffes ; il les embrassa en ajoutant, assure-t-on, qu'il n'avait pas eu besoin de prendre ainsi congé d'Alexandre, qu'il le reverrait bientôt à Babylone. Après avoir prononcé ces paroles, il monta sur le bûcher, au son éclatant des trompettes, se coucha, se couvrit le visage ; il ne fit pas le moindre mouvement quand la flamme vint le saisir, et acheva son sacrifice avec une constance qui étonna toute l'armée.

Pour consolider l'union entre le monde oriental et le monde occidental, Alexandre favorisait les mariages d'un peuple à l'autre. Il voulut qu'à cet égard lui-même et tous ses grands donnassent un exemple solennel, que suivrait l'armée. Il épousa Barsine ou Satira, fille aînée de Darius ; il avait déjà, il est vrai, épousé Roxane, mais, comme nous l'avons dit, la monogamie n'était pas de rigueur dans la famille royale de Macédoine ; elle existait encore moins pour les rois de Perse ; on dit même qu'il prit une troisième femme, Parysatis, fille d'Ochus. Environ quatre-vingts généraux épousèrent des femmes persanes des familles les plus nobles de l'empire, que le roi leur donna avec une riche dot. Il voulut qu'Héphestion se mariât avec une autre fille de Darius, pour que leurs enfants fussent unis par la communauté du sang. Ces mariages furent tous célébrés en même temps, en grande pompe, et suivant les coutumes des Perses. Les unions entre Macédoniens et femmes d'Asie s'élevèrent à 10,000, et pour chacune le roi fournit une dot.

La libéralité du roi envers son armée était immense. Il voulut payer les dettes de ses soldats. Comme il vit que beaucoup craignaient de les déclarer, supposant que c'était un artifice de sa part pour connaître ceux d'entre eux qui dépensaient au delà de leur solde, il établit des bureaux dans le camp, où l'on payait sans prendre les noms ni du créancier ni du débiteur. On dit que cette largesse faite à l'armée alla à 20,000 talents, plus de 100 millions de francs.

Des couronnes d'or furent décernées à des généraux qui s'étaient particulièrement distingués dans la dernière compagne, d'abord à Peucestas et à Léonnat, les deux compagnons du roi dans l'assaut de la ville des Malliens, à Néarque, pour sa navigation sur l'Indus et dans la mer des Indes, à Onésicrite, pilote de la galère royale, à Héphestion et aux autres gardes du corps.

Les Asiatiques avaient été jusque-là considérés comme une race inférieure aux Macédoniens ; ils servaient seulement à titre d'auxiliaires ; ils furent maintenant incorporés dans l'armée. 30,000 jeunes gens, choisis parmi les plus forts et les mieux faits que l'on put trouver, instruits, disciplinés, armés à la manière macédonienne, arrivèrent au camp. Alexandre les appela les *épigones,* c'est-à-dire les fils ou successeurs, comme s'ils venaient relever les vieux soldats de leur service. Les meilleurs cavaliers des provinces orientales (Bactriane, Sogdiane, Arie, Parthie, etc.) et de la Perse, entrèrent dans les escadrons des hétaires, où figurèrent les fils des principaux satrapes.

La navigation intérieure, sur les fleuves qui aboutissent au fond du golfe Persique, occupait aussi Alexandre. Il descendit le Pasitigris, qui, dans la partie inférieure de son cours, se confond avec l'Euléus. Ce fleuve Euléus (Karoun), qui mettait Suse en rapport avec la mer, avait été à dessein obstrué d'écluses. Les rois de Perse, n'ayant pas de marine dans la mer de l'Inde, n'avaient songé qu'à fermer aux navires étrangers les approches de leur capitale. Alexandre était d'un avis tout opposé; il ne craignait pas les pirates, et se proposait d'ouvrir largement à la navigation les fleuves du golfe Persique. Il résolut de débarrasser l'Euléus de ses barrages, et descendit le fleuve jusqu'à la mer. Il remonta ensuite le Tigre jusqu'à la ville d'Opis. L'armée se rendit par terre à Opis, sous la conduite d'Héphestion.

Malgré les bienfaits d'Alexandre, un profond mécontentement régnait parmi les Macédoniens; ils s'irritaient de voir leur roi adopter les coutumes des vaincus et introduire les Perses dans l'armée sur le pied de l'égalité avec les vainqueurs. Ce sentiment de colère n'attendait qu'une occasion pour éclater en révolte. L'occasion s'offrit à eux à Opis, quand Alexandre exprima l'intention de renvoyer dans leur pays les Macédoniens devenus impropres au service. Il les congédiait honorablement et avec de larges récompenses; mais l'annonce seule de leur renvoi fournit aux mécontents le prétexte attendu. Les soldats, dans une revue demandèrent insolemment qu'on les congédiât tous, criant qu'Alexandre fît la guerre comme il l'entendrait avec son père Ammon, mais que, pour eux, ils ne voulaient plus servir.

Alexandre, s'élançant de son tribunal avec ses gardes du corps, se précipita sur les mutins, en saisit treize des plus turbulents et les fit conduire sur l'heure au supplice. Puis, remontant sur son tribunal, il adressa aux Macédoniens un discours, où il leur représenta ce que son père Philippe et lui avaient fait pour la prospérité, la grandeur et la gloire de la Macédoine ; comment son père ayant trouvé ce pays faible, pauvre, à peine capable de se défendre contre quelques peuplades voisines, et réduit à invoquer la protection des républiques grecques, en avait fait une puissance maîtresse des peuples voisins et commandant à la Grèce ; comment lui-même, en maintenant la suprématie de la Macédoine en Europe, avait étendu sur l'Asie la domination de sa patrie, conduisant ses soldats, de victoires en victoires, de conquêtes en conquêtes, depuis l'Hellespont jusqu'à l'Hyphasis, et ne s'étant arrêté là que parce que eux n'avaient pas voulu aller plus loin. Il rappela qu'il ne s'était jamais épargné les fatigues et les dangers auxquels les soldats étaient exposés, qu'il ne s'était point approprié les richesses conquises, qu'il les leur avait distribuées pour qu'ils rapportassent dans la Macédoine, avec la gloire d'avoir participé à tant de grandes actions, le bien-être dû à leurs travaux. Il finit en disant : « Vous voulez tous vous en aller, allez-vous-en tous. Allez chez vous, et annoncez que vous avez abandonné votre roi Alexandre. Cela vous fera honneur devaut les hommes et sera pieux devant les dieux. Allez. »

Cela dit, il rentra au quartier royal et s'enferma dans son appartement, ne voulant pas même voir ses amis. Le troisième jour, il fit appeler les principaux Perses et leur distribua les postes militaires. Les Macédoniens, laissés sans chefs, étaient dans une consternation et un embarras inexprimables. Les commandements donnés aux Perses, ce qui semblait supprimer l'armée macédonienne, les mirent au désespoir; ils coururent au quartier royal, jetèrent leurs armes devant la porte, s'offrant à la punition, et criant qu'ils ne quitteraient plus cette porte ni jour ni nuit jusqu'à ce que le roi eût pitié d'eux. Alexandre se présenta alors devant eux, ému jusqu'aux larmes de ce triste spectacle. Il les rassura, les renvoya calmés dans leur camp, fit un sacrifice aux dieux, et réunit dans un grand banquet les Macédoniens et les Perses, en plaçant pourtant les Macédoniens plus près de lui que les Perses.

Il fut convenu que 10,000 Macédoniens, trop vieux pour le service actif, s'en retourneraient dans leur patrie, avec leur solde payée jusqu'à leur arrivée chez eux, et recevraient un talent (5,580 fr.) chacun. Cratère, qu'Alexandre plaçait au-dessus de ses autres généraux pour ses talents, mais dont la santé était fatiguée, devait les ramener en Macédoine; il y remplacerait Antipater comme régent, et Antipater amènerait en Asie de nouvelles levées macédoniennes. Cet arrangement n'était pas fait pour plaire au régent de Macédoine; Alexandre récompensait mal ce vieux et utile serviteur. Mais Antipater était toujours en querelle avec Olympias; ils s'accusaient mutuellement dans leurs lettres, et importunaient le roi de leurs plaintes. Quoique Alexandre connût bien le caractère insupportable de sa mère, il l'aimait, et il se lassa de lui donner toujours tort.

Ce licenciement partiel et cette réorganisation de l'armée prirent du temps. Les arrangements arrêtés à Opis ne reçurent pas une complète exécution, et Cratère était encore dans l'Asie Mineure avec ses vétérans lorsque Alexandre mourut, dix mois plus tard.

Aux jeux olympiques, au mois de juillet de cette année 324, il fut lu un édit par lequel le roi ordonnait que tous les exilés des villes grecques fussent rappelés dans leurs cités. Ce décret marquait de l'humanité sans doute, mais il faisait trop sentir aux États grecs qu'un souverain étranger était maître chez eux.

Depuis l'exploration de Néarque, l'attention du roi se portait de plus en plus sur la marine. Une extension très considérable de sa flotte était nécessaire à l'exécution de ses vastes projets. Il ordonna, dans les ports phéniciens, la construction d'un grand nombre de navires : ils devaient être transportés démontés à Thapsaque, pour y être remontés, et descendre de là jusqu'à Babylone. Des galères furent également construites dans cette ville. On y établit un port immense, capable de contenir mille vaisseaux. De nombreux marins furent enrôlés en Phénicie. Alexandre comptait que ces préparatifs seraient achevés au printemps de l'année suivante (323), voulant commencer à cette époque une expédition en Arabie.

Il envoya aussi un officier nommé Héraclide, avec des constructeurs de vaisseaux, aux bords de la mer Caspienne, avec l'ordre d'y préparer une flottille et d'explorer cette mer.

Dans l'automne de 324, il se rendit à Ecbatane, une des capitales de l'empire. En route, une querelle s'éleva entre Héphestion et Eumène, tous deux investis de sa confiance, tous deux servant très utilement. Malgré sa prédilection pour Héphestion, il ne voulut pas lui sacrifier Eumène et parvint à les raccommoder. A Ecbatane se donnèrent de grandes fêtes, pour lesquelles de nombreux artistes étaient venus de la Grèce.

Pendant ces fêtes, Héphestion fut pris de la fièvre ; sa maladie ne parut pas d'abord dangereuse, mais elle s'aggrava rapidement. Alexandre assistait à des jeux au théâtre lorsqu'on vint lui dire que son ami était au plus mal ; il accourut aussitôt et le trouva mort. Sa douleur fut immense. Il en donna une preuve bien cruelle, s'il est vrai qu'il fit pendre ou mettre en croix le médecin Glaucias, qui avait soigné Héphestion. Il resta plusieurs heures étendu devant le corps inanimé de son ami, pleurant, se lamentant, et pendant plusieurs jours il ne voulut pas prendre de nourriture. C'était le deuil d'Achille pour Patrocle. Il n'est pas impossible que les historiens aient exagéré les manifestations de celui d'Alexandre, lequel deuil était d'ailleurs sérieux et sincère. Alexandre perdait un ami d'enfance, le fidèle compagnon de sa vie, un homme digne de toute sa confiance, et qui, dans ces der-

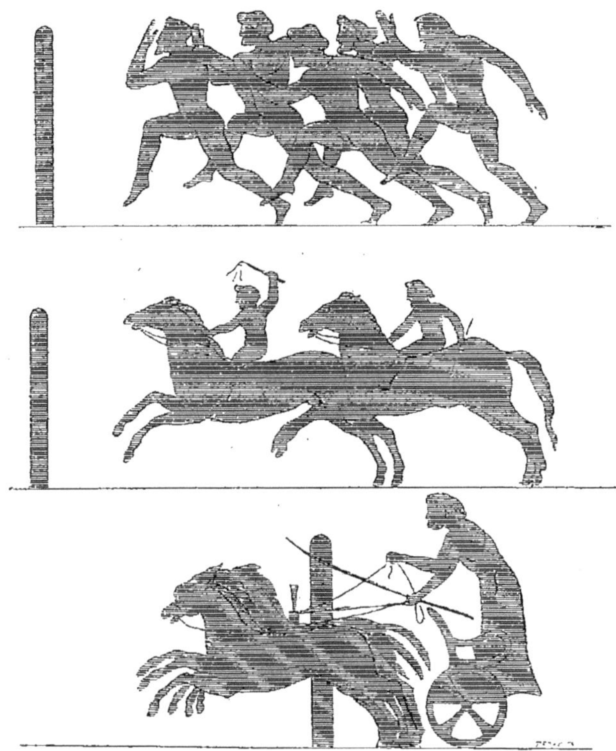

Fig. 44. — Courses à pied, à cheval, en char chez les Grecs.

niers temps, avait paru capable de grands commandements. Il voulut signaler ses regrets par une pompe funèbre comme il n'en avait jamais été vu, à laquelle il destina la somme de 10,000 talents, c'est-à-dire de 55 mil lions de francs. Le corps embaumé d'Héphestion fut transporté à Babylone par Perdiccas. Les plus habiles artistes s'employèrent à lui élever un bûcher monumental, colossal. Les généraux et les amis d'Alexandre, à commencer par Eumène, qui avait à se faire pardonner sa récente querelle avec Héphestion, firent faire des statues d'or, d'ivoire et d'autres matières précieuses pour orner le monument. On démolit une partie des murs de Babylone, dans une longueur de 10 stades (1,850 mètres, s'il s'agit du stade olympique), et, sur cet emplacement, on éleva le bûcher, qui forma un carré d'un stade (185 mètres) de chaque côté. Diodore de Sicile nous en a laissé une description où il signale surtout les objets d'art qui le décoraient.

« L'espace du monument fut divisé en trente compartiments. On y établit des planchers de charpente, formés de troncs de palmier.

« La décoration du soubassement se composait de deux cent quarante proues de quinquirèmes dorées. Ces proues avaient sur leurs flancs deux archers de 4 coudées de haut (la coudée valait 46 centimètres), le genou en terre ; elles étaient surmontées de statues d'hommes armés, hautes de 5 coudées. Les intervalles étaient décorés de tapis de pourpre.

« Au-dessus s'élevait le second étage, dont la décoration consistait en flambeaux de 15 coudées ; ces flambeaux, à l'endroit de leur poignée, avaient des couronnes d'or ; au-dessus de leurs mèches, des aigles, les ailes déployées, regardant en bas ; et à leur extrémité inférieure, des dragons, le regard dirigé vers les aigles.

« A la troisième périphérie, on avait représenté des chasses d'animaux de tous pays.

« On voyait dans le quatrième étage, figurés en or, les combats des Centaures.

« Le cinquième était orné de taureaux et de lions, placés dans un ordre alternatif.

« La partie supérieure était occupée par des trophées d'armures macédoniennes et d'armures barbares.

« Le tout était couronné par des Sirènes creuses, dont la cavité était capable de recevoir et de cacher les musiciens, qui devaient exécuter le chant funèbre en l'honneur du mort. La hauteur de l'ensemble était de plus de 130 coudées (60 mètres). »

Ce colossal bûcher était moins destiné à brûler le corps qu'à faire l'apothéose du mort. Alexandre ne pensait point que son ami fût un simple mortel ; il voulait lui décerner des honneurs divins. L'oracle d'Ammon, consulté sur le culte qu'il convenait de lui rendre, répondit qu'il fallait l'honorer comme un héros ou demi-dieu.

# CHAPITRE XV.



Plus de six mois se passèrent avant que le prodigieux monument de l'apothéose d'Héphestion fût achevé. En attendant, Alexandre, pour distraire sa douleur, entreprit une expédition contre les Cosséens. C'étaient des montagnards, placés près de la route entre Ecbatane et Babylone, et qui en troublaient la sécurité. Les rois de Perse n'avaient jamais pu les subjuguer. Alexandre, dans une rude et rapide campagne d'hiver, les frappa et les dompta, mais il ne les détruisit pas, puisque, quelques mois plus tard, ils fournirent un contingent à son armée, et qu'ils reparaissent dans l'histoire de ses successeurs.

Avant d'atteindre Babylone, il reçut des ambassadeurs de nations fort éloignées, des peuples de la Libye, de Carthage, de la Sicile et de la Sardaigne, des Illyriens et des Thraces, des Lucaniens, Bruttiens et Étrusques en Italie. Il en vint même, dit-on, de Rome, ville encore peu célèbre quoiqu'elle exerçât déjà sa domination sur l'Italie cen-

trale. Le fait n'est pas invraisemblable; le nom d'A-
lexandre devait, à cette époque, retentir chez tous les
peuples, depuis les rivages de l'océan Atlantique jusqu'à
la Chine.

Quand il approcha de Babylone, les prêtres chaldéens
vinrent à son avance; ils lui dirent que les présages n'é-
taient pas favorables et qu'il serait dangereux pour lui
d'entrer dans la ville. Il inclinait à se rendre à cet avertissement lorsque le philosophe Anaxarque lui représenta
combien il était indigne de lui de se laisser exclure par
des prêtres de la plus grande ville de son empire. Il entra
donc dans Babylone, où se poursuivaient de grands
préparatifs pour de nouvelles expéditions.

Ses vastes desseins embrassaient tout le monde habité,
dont l'étendue d'ailleurs était alors très imparfaitement
connue; il se proposait d'en atteindre toutes les parties
par ses conquêtes, par des voyages, par le commerce.
Il pensait à la circumnavigation de l'Afrique. La Méditerranée, du moins, et tout son littoral auraient été par-
courus par ses flottes, avec des corps de débarquement,
qui auraient forcé les peuples à reconnaître sa suzeraineté,
et porté chez eux la civilisation grecque. L'exploration
de la mer Caspienne allait commencer. Il voulait régula-
riser le cours de l'Euphrate au-dessous de Babylone et
fonder à l'embouchure du fleuve une ville, qui aurait été
pour l'océan Indien ce qu'Alexandrie était pour la Méditerranée, et serait devenue l'entrepôt du commerce avec
les régions de l'Asie orientale.

Dans ces projets, le premier qui se présentait était l'occupation de l'Arabie, ce vaste massif entre la Méditerranée et la mer des Indes. Il combina avec Néarque les
détails d'une expédition dans le golfe Persique et l'Ara
bie, par terre et par mer. Il aurait voulu naviguer autour
de cette immense péninsule depuis le fond du golfe Persique jusqu'au fond de la mer Rouge. Des marins envoyés
en exploration lui rapportèrent que c'était fort périlleux,
et, sinon impossible, du moins extrêmement difficile;
mais les difficultés n'arrêtaient guère Alexandre.

Tandis que Peucestas lui amenait 20,000 Perses et des
Cosséens, des Tapuriens, que Philoxène et Ménandre
arrivaient avec des troupes de la Carie et de la Lydie,
tandis que s'achevaient à Babylone les préparatifs de
l'expédition d'Arabie, et les apprêts de cette autre entreprise plus chère à son cœur, l'apothéose d'Héphestion,
il descendit l'Euphrate et visita le Pallacopas, long canal
latéral entre Babylone et la mer ; du Pallacopas, il passa
dans les autres canaux qui sillonnent cette région. Il conduisait lui-même sa galère dans les passages les plus
malaisés, au milieu des flaques limoneuses et des roseaux. Il désigna un emplacement pour la grande ville
maritime et commerciale qu'il projetait, et, avec son activité ordinaire, il en commença la construction. Mais
l'avenir, vers lequel il marchait hardiment, quoique avec
tristesse depuis la mort d'Héphestion, se fermait devant
lui. Les tristes présages se multipliaient. Dans une de ces
explorations sur les canaux, un coup de vent lui enleva

sa *causia* qu'entourait le diadème. Le chapeau tomba dans l'eau, mais le diadème s'en détacha et resta suspendu à des roseaux. Un matelot se jeta à l'eau et le rattrapa. Pour n'avoir pas à le tenir à la main en nageant, il le mit sur sa tête : cela parut un signe funeste pour Alexandre il fit donner au matelot un talent comme récompense de son zèle, mais, pour détourner le présage, il lui fit couper la tête. Quelques contradictions dans le récit de cette aventure permettent de douter qu'elle ait eu un si cruel dénouement.

Comme Alexandre passait en revue les renforts amenés de la Perse et de l'Asie Mineure, il quitta un moment son trône et s'éloigna avec ses gardes. Il ne resta alentour que les domestiques du palais. Tout à coup un homme vint s'asseoir sur le trône, d'où les serviteurs, retenus par une crainte de superstition ou d'étiquette, n'osaient pas l'arracher. On accourut à leurs cris. Alexandre fit mettre l'étrange personnage à la question pour savoir ce qui l'avait porté à cet acte extraordinaire. Il se trouva que c'était un homme obscur, prisonnier pour on ne sait quel motif, et laissé dans une demi-liberté ; il dit qu'il avait, en se plaçant sur le trône, obéi à une inspiration dont il ne se rendait pas compte. On rapporte que lui aussi fut mis à mort, punition bien sévère pour son égarement. Ce singulier incident parut annoncer que le trône d'Alexandre serait bientôt vacant.

Le roi croyait plutôt que, puisque après être entré à Babylone malgré les sinistres prédictions des prêtres, il en était sorti sans avoir éprouvé de malheur, les mauvais présages étaient conjurés. Il revint plus confiant, accomplit les pompeuses obsèques ou la cérémonie d'apothéose d'Héphestion, et songea à commencer l'expédition d'Arabie. On était à la fin de mai.

Avant le départ de la flotte et de l'armée, des sacrifices solennels furent offerts, des fêtes furent données. Un jour, Alexandre, après avoir pris part à un banquet, allait rentrer dans ses appartements, lorsqu'un de ses officiers de confiance, le Thessalien Médius, l'invita à venir souper chez lui. Alexandre, comme nous l'avons dit, aimait à prolonger les repas du soir dans des entretiens avec ses généraux et les lettrés de sa suite. S'il avait interrompu cette habitude après la mort d'Héphestion, il l'avait reprise après ses funérailles. Il alla chez Médius, but, joua, puis il se leva de table, prit un bain et dormit. Le soir, il dîna encore chez Médius, et but de nouveau très avant dans la nuit. C'était le 17 du mois de *dæsius*. Ces faits sont empruntés des *Éphémérides,* ou journal de la vie du roi, que tenaient ses deux secrétaires, Eumène de Cardia et Diodote d'Érythrée. Des extraits de ce journal, relatifs à sa dernière maladie, ont été conservés par Arrien et par Plutarque. Voici, après les quelques déails mentionnés plus haut, ce qu'ils nous apprennent. Nous citons la traduction de M. Littré.

« Le 18, il prit un bain; après le bain, il mangea un peu et dormit dans le lieu même, parce qu'il avait déjà la fièvre. Il se fit transporter sur un lit pour faire le sacrifice, et sacrifia chaque jour, suivant les rites. Après le sacrifice, il resta couché dans l'appartement des hommes jusqu'à la nuit. Là, il donna des ordres aux officiers pour l'expédition par terre et pour la navigation ; il enjoignit à ceux qui devaient aller par terre de se tenir prêts pour le quatrième jour, à ceux qui se devaient embarquer avec lui de se tenir prêts pour le cinquième. De là, il se fit transporter sur un lit jusqu'au fleuve, s'embarqua sur un bateau et se rendit dans le jardin royal, situé sur l'autre rive. Là, il prit de nouveau un bain et il se reposa.

« Le lendemain, il prit de nouveau un bain et fit le sacrifice ordonné. Étant allé dans sa chambre, il y resta couché et joua toute la journée aux dés avec Médius. Il commanda aux officiers de venir le trouver, le lendemain matin, de très bonne heure; puis, le soir, il prit un bain, fit le sacrifice aux dieux, mangea quelque peu, se fit reporter dans sa chambre, et déjà il eut la fièvre toute la nuit sans interruption.

« Le jour suivant, il prit un bain, et, après ce bain, il fit le sacrifice. Couché dans la salle de bains, il passa le temps avec les officiers de Néarque, écoutant ce qu'ils disaient de la navigation et de la grande mer.

« Le jour suivant, il prit un nouveau bain, il fit les sacrifices ordonnés. Il ne cessa plus d'avoir la fièvre, et la chaleur fébrile fut plus grande. Cependant, il fit venir les officiers, et leur recommanda de se tenir tout prêts pour le départ de l'expédition par eau. Il prit un bain sur le soir, et, après le bain, son état se trouva déjà fâcheux. La nuit fut pénible.

« Le jour suivant, il fut transporté dans la maison située près du grand bassin ; il fit, il est vrai, le sacrifice ordinaire, mais il avait beaucoup de fièvre. Il resta couché ; néanmoins, il parla avec ses généraux des corps qui étaient privés de chefs, et leur recommanda d'y pourvoir.

« Le jour suivant, il fut porté avec peine au lieu du sacrifice, qu'il fit cependant ; il ne donna plus aucun ordre à ses généraux sur la navigation.

« Le jour suivant, ayant beaucoup de fièvre, il se leva pour le sacrifice, qu'il fit. Il ordonna aux principaux de ses généraux de passer la nuit dans la cour, aux officiers inférieurs de la passer dehors, devant les portes.

« Le jour suivant, il fut transporté du jardin royal dans le palais ; il dormit un peu, mais la fièvre n'eut pas de relâche. Les généraux étant entrés, il les reconnut, mais ne leur parla plus ; il avait perdu la parole, et il eut une fièvre violente la nuit.

« Le jour suivant et la nuit, grande fièvre. Les Macédoniens le crurent mort ; ils vinrent, en poussant de grands cris, jusqu'aux portes, et, par leurs menaces, ils forcèrent les gardes de les leur ouvrir. Les portes ayant été ouvertes, ils passèrent tous en simple tunique devant le lit.

« Le jour suivant, même état, et, le lendemain, le roi mourut, le soir. »

Sur le moment, personne ne douta que la mort ne fût

naturelle. Plus tard, on supposa que le poison n'y était
pas étranger. Les soupçons se portèrent sur Antipater et
son fils Iollas. Antipater, recueillant pour prix de ses services son renvoi de la régence, et redoutant peut-être de
trouver auprès du roi un sévère traitement, avait intérêt à

Fig. 45. — Petit bronze connu sous le nom d'*Alexandre combattant*:
musée de Naples.

la mort d'Alexandre ; cela ne veut pas dire qu'il en fût
l'auteur, comme Olympias, dès longtemps son ennemie, l'en
accusa. On raconta qu'Aristote, ami d'Antipater, et pour
qui son élève semblait depuis l'affaire de Callisthène avoir
des sentiments très peu amicaux, se chargea de fournir le
poison. Il y avait en Arcadie, près d'un lieu appelé No-

nacrius, une source très froide, que les Arcadiens assu-
raient être l'eau du Styx. On prétendait que, dépourvue
d'odeur et de saveur, elle n'en était pas moins un poison
très subtil, exerçant une action coagulante à l'intérieur.
Elle ne pouvait être contenue dans aucune espèce de
vase; elle perçait le verre, le cristal, les métaux, et on
ne trouva, pour la contenir et la transporter, que la corne
du pied d'un mulet. Le poison aurait été apporté par
Cassandre, fils d'Antipater, à Philippe et à Iollas, ses
deux frères, qui étaient échansons du roi, et Iollas aurait
versé le poison.

Ces faits, loin d'être avérés sont formellement contre-
dits par ce que l'on sait de la maladie d'Alexandre. Les
excès de vin pourraient avoir plus contribué à sa mort
que le fabuleux poison. « En débilitant l'économie, ils
peuvent la rendre plus accessible aux influences morbi-
fiques; mais Alexandre était dans un lieu où les causes
qui produisent les fièvres intermittentes et rémittentes
sont très puissantes; il venait de faire avec quelques vaisseaux une promenade dans les marais que forme l'Euphrate au-dessous de Babylone, et c'était là un ennemi
dangereux contre lequel ne pouvaient rien son invincible
phalange et ses victoires... Ainsi, Alexandre est mort
d'une de ces fièvres qui sont si communes en Algérie,
en Grèce, dans l'Inde, et qui certainement règnent encore
sur les bords de l'Euphrate. » (LITTRÉ.)

Alexandre ne prit aucune disposition au sujet de son
empire, au sujet de sa femme Roxane, qu'il laissait en-

ceinte de sept mois, au sujet d'un successeur. Dans les derniers jours de sa maladie, il put à peine dire quelques mots. Quand ses soldats défilaient devant son lit, il ne put que se soulever un peu et tendre la main vers eux. Ses généraux lui demandant à qui il léguait la royauté, il répondit : « Au plus vaillant. » Il ajouta, dit-on, qu'il prévoyait pour sa tombe un grand combat funéraire. Il retira son anneau de son doigt et le remit à Perdiccas. On comprit qu'il le désignait pour régent.

Alexandre mourut au mois de juin 323 avant J.-C., à l'âge de trente-deux ans et huit mois, après un règne de douze ans et huit mois.

Les peuples conquis le regrettèrent plus peut-être que les conquérants; il avait été pour eux un maître juste et humain, et ses égards pour les vaincus avaient souvent déplu aux Macédoniens. A la nouvelle de sa mort, Sisygambis, mère de Darius, fut frappée de la plus vive douleur; elle n'entrevit plus que des désastres pour ce qui restait de la famille de son fils: s'étant privée de nourriture, elle mourut au bout de cinq jours. Quelque temps après, Roxane fit périr Barsine ou Statira, fille de Darius et veuve d'Alexandre, avec sa sœur, la veuve d'Héphestion.

L'héritage d'Alexandre provoqua aussitôt entre ses lieutenants des discordes, pendant lesquelles son corps resta plusieurs jours sans aucun soin, et sans donner aucun signe de corruption; enfin il fut embaumé. Arrhidée, son demi-frère, qui eut après lui le titre de roi, s'occupa de sa sépulture. On avait, à ce qu'il semble, l'idée de transporter le corps dans le temple d'Ammon. Arrhidée fit construire pour cela un char magnifique, qui pouvait compter parmi les merveilles du monde. L'or y avait été employé avec profusion, comme on en jugera par quelques passages de la description qu'en a faite Diodore de Sicile.

« D'abord, on avait préparé et fait au marteau, sur la mesure du corps d'Alexandre, un cercueil d'or. Sur le cercueil, on plaça un cénotaphe, également d'or. Par-dessus, on avait étendu un tapis de pourpre, magnifique-ment brodé d'or, autour duquel on avait étalé les armes du roi mort.

« Sur le chariot destiné au transport, on avait établi une chambre d'or voûtée, dont la couverture circulaire était ornée d'écailles formées par des pierres précieuses. Sa largeur était de huit coudées, sa longueur de douze.

« Au-dessous du comble, tout l'espace était occupé par un trône d'or carré.

« Aux angles de la voûte s'élevait, de chaque côté, une Victoire d'or portant un trophée.

« La voûte était supportée par un péristyle d'or, dont les colonnes avaient des chapiteaux ioniques.

« En dedans du péristyle, il régnait un réseau d'or, dont la trame était de l'épaisseur d'un doigt, etc. »

Quand Perdiccas, en 321, marcha sur l'Égypte, pour rompre la coalition formée contre lui par Antipater, Cra-tère, Antigone et Ptolémée, il emmena avec lui les rois,

le frère et le fils du conquérant; Arrhidée conduisait en
même temps le corps d'Alexandre, porté dans le char
funèbre. Perdiccas fut vaincu par Ptolémée et tué par
ses propres soldats. Ptolémée, en possession des restes de
son ancien maître et ami, les fit conduire à Memphis. Plus
tard, on les transporta dans la ville d'Alexandrie. Le cercueil d'or fut remplacé par un cercueil de verre, sous un
des successeurs du premier Ptolémée. Jules César vit le
tombeau en cet état, et aucun des monuments dont
Alexandrie était remplie ne l'intéressa davantage. Auguste voulut contempler les restes d'Alexandre : il fit
tirer son corps du cercueil, lui mit une couronne d'or et
le couvrit de fleurs. Sous l'empereur Septime Sévère, il
est encore parlé du tombeau d'Alexandre; à partir de ce
moment, il disparaît; on ne sait ce qu'il devint.

Les lieutenants d'Alexandre se disputèrent et se par-
tagèrent son empire. Dans leurs ambitieuses discordes,
ils n'accordèrent au fils dont Roxane accoucha qu'un
vain titre de roi. Il périt à l'âge de treize ans, avec sa
mère, par l'ordre de Cassandre, fils d'Antipater. Un fils
qu'Alexandre avait eu de Barsine, veuve de Memnon,
Héraclès, fut mis à mort par Polysperchon, en 309. Son
frère Arrhidée, sa mère Olympias avaient déjà péri; sa
sœur Cléopâtre eut bientôt le même sort. Toute la famille d'Alexandre fut détruite par ses lieutenants, dont
elle gênait l'ambition. Un seul homme la défendit, ce fut
Eumène, et il n'était pas Macédonien; aussi les soldats
macédoniens le livrèrent à Antigone, qui le fit mourir.

Le grand combat pour ses funérailles, que prévoyait Alexandre, se livra en effet et dura plus de vingt ans.

« Ainsi, dit Bossuet, ce grand conquérant, le plus renommé qui fut jamais, a été le dernier roi de sa race. S'il fût demeuré paisible dans la Macédoine, la grandeur de son empire n'aurait pas tenté ses capitaines, et il eût pu laisser à ses enfants le royaume de ses pères. Mais, parce qu'il avait été trop puissant, il fut cause de la perte de tous les siens : et voilà le fruit glorieux de tant de conquêtes. »

En effet, les conquêtes d'Alexandre ne profitèrent en rien à sa famille ; elles ne profitèrent pas même à la Macédoine, qui ne fut pas plus puissante après lui qu'elle ne l'était à son avènement. Elles profitèrent à la civilisation en général. Le monde oriental fut soumis au monde grec, pour lequel il avait été jusque-là une menace, un ennemi, et en partie une oppression. Des contrées inconnues de ce lointain Orient furent ouvertes aux colons, comme aux soldats de la Grèce ; la langue grecque fut parlée aux bords de la mer Caspienne et au pied de l'Himalaya. Des peuplades barbares, qui s'étendaient à travers l'empire perse depuis la Cilicie jusqu'à l'Indus, et auxquelles les grands rois payaient tribut, furent domptées et laissèrent le commerce s'ouvrir à l'intérieur des routes sûres jusqu'à l'extrême Orient. Un commerce régulier s'établit entre les bouches de l'Euphrate et celles de l'Indus. Alexandrie devint l'entrepôt du négoce entre les peuples de la Méditerranée et les régions du lointain

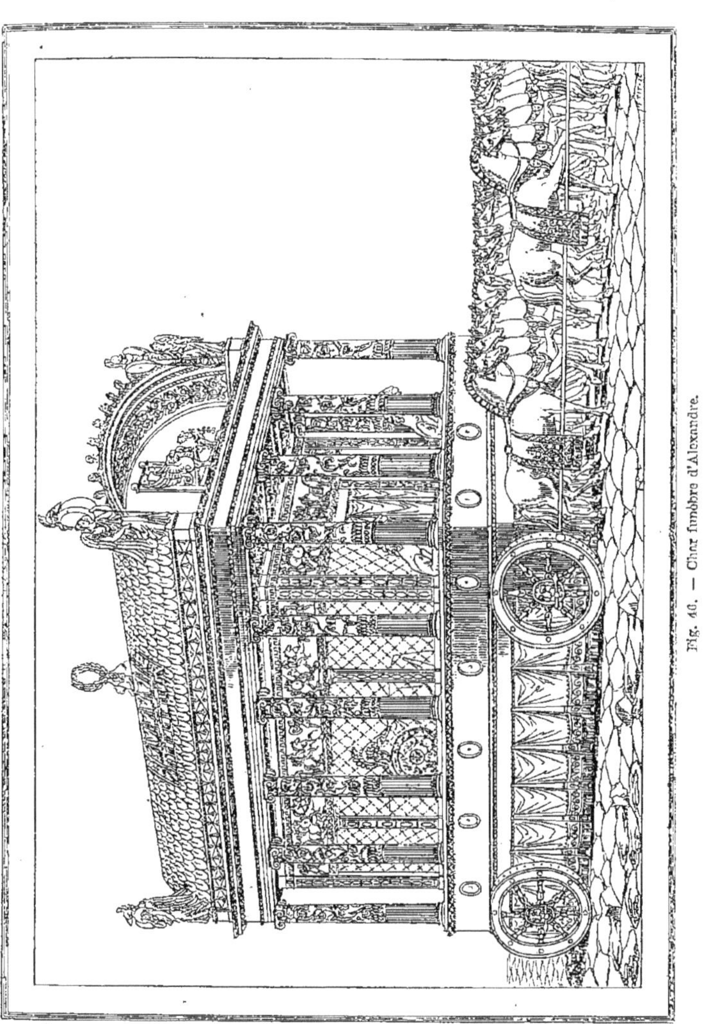

Fig. 40. — Char funèbre d'Alexandre.

Orient. De florissants royaumes, dans l'Égypte, dans la Syrie, dans l'Asie Mineure, favorisèrent les lettres et les arts de la Grèce. Il y eut, par le fait des conquêtes d'Alexandre, une expansion de la civilisation, un épanouissement du monde civilisé, ce qui a fait dire qu'il était moins un conquérant qu'un missionnaire armé. Cette grande mission accomplie, autant que le permit sa courte existence, tient plus de place dans l'histoire que ne l'eût fait l'agrandissement durable d'une famille ou même d'un pays. On peut répéter, mais en ne la prenant plus au sens ironique, la phrase de Bossuet : « Voilà le fruit glorieux de tant de conquêtes. »

Celui qui donna au monde cette féconde impulsion, qui fit tant de grandes entreprises et n'échoua dans aucune, qui ne livra jamais de bataille sans la gagner, et n'assiégea jamais de ville sans la prendre, qui jalonna sa route de conquérant par la fondation de tant de villes, qui soumit tant de peuples sans les opprimer, et laissa une mémoire aussi chère aux vaincus qu'aux vainqueurs, n'a pas à craindre qu'aucun âge efface le nom de *Grand* que ses contemporains attachèrent à son nom.

Il eut toutes les qualités d'un grand général, réunissant, dans un puissant et éclatant mélange, l'héroïsme divin d'Achille et l'art réfléchi d'Épaminondas. Il y a eu depuis lui de grands conducteurs d'armées, habiles à vaincre, habiles à organiser leurs conquêtes ; l'art de la guerre a suivi les progrès des sciences, il a disposé de moyens plus puissants, qui lui ont permis d'obtenir des

effets plus puissants aussi ; des hommes se sont trouvés
qui ont tiré de cet art tout ce qu'il pouvait donner à leur
époque pour le bien ou pour le mal, pour la défense de
leur pays ou pour l'asservissement des autres, mais
jamais ne s'est levée, ni sans doute ne se lèvera une
telle rayonnante image de l'héroïsme inspiré.

Ses merveilleuses qualités de général, de conquérant,
de roi, ne faisaient point que l'homme n'eût des défauts

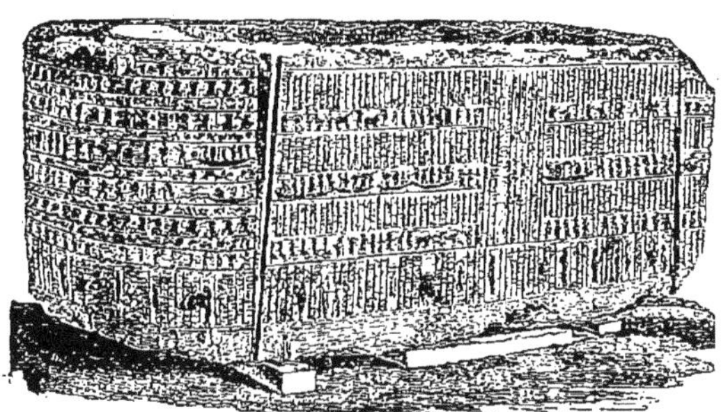

Fig. 47. — Cercueil d'Alexandre.

et même de graves. Il ne faut point le comparer à ces
hommes qui ont mis leur génie et leur force au service
de leur pays, respectueux de ses lois et dévoués à son
accroissement, aux Cimon, aux Périclès, aux Épaminondas ; leurs vertus républicaines lui étaient étrangères.
Il fut un héros, un roi de l'âge héroïque, un roi de l'âge
politique. Les tragédies domestiques, communes dans la
famille royale de Macédoine, continuèrent avec lui,
puisqu'il fit périr son cousin Amyntas, qui avait des droits
au trône. Il se montra arbitraire et violent à l'égard de

plusieurs de ses lieutenants et des gouverneurs perses.
Comme tous les hommes que la fortune a trop favorisés,
il ne pouvait souffrir l'opposition. Cette âme de feu ne se
laissait pas arrêter par la justice, ou plutôt la justice
pour lui se confondait avec sa volonté; et pour qu'une
chose fût juste, il suffisait qu'il la voulût; c'est ce que
lui prêchaient ses flatteurs, et il ne les écoutait que trop.
Son amour de la gloire, de l'admiration, était au plus

Fig. 48. — Médaille d'Alexandre le Grand.

haut point et se confondait
avec le sentiment exalté qu'il
avait de lui-même. Pour con-
cilier ce sentiment avec la
révérence qu'il devait aux
dieux, il ne trouva rien de
mieux que de se laisser dire,
et peut-être de s'imaginer
qu'il était fils d'un dieu, étrange idée, dans laquelle on ne
sait s'il faut voir une invention politique ou un égarement de l'orgueil, et qui renouvelait la légende des
antiques héros que la famille royale de Macédoine comptait pour ancêtres, Persée et Héraclès.

Avec ses prétentions surhumaines, Alexandre n'en
était pas moins sensible à l'amitié, réellement bon pour
ses amis, familier avec eux, aimant aussi ses soldats,
s'occupant de leur bien-être, s'occupant du bien-être
des peuples soumis, l'esprit plein de projets d'amélio-
ration, de civilisation, aussi bien que de conquêtes, géné-

reux pour tous, généreux dans tous les sens du mot. Ce fut certes, en dépit de ses défauts et de ses excès, une grande âme, un grand cœur. Cette splendide figure garde un puissant attrait pour l'humanité. La gloire, qu'il aima tant, lui est restée fidèle à travers les âges ; le temps n'a pas diminué sa renommée. Le plus simple récit de sa vie, comme celui que nous achevons, a de quoi intéresser le lecteur.

FIN.

# TABLE DES MATIÈRES